# Mrs. Severn

## Ein Roman, Bd. 1

Mary Elizabeth Carter

# Writat

Diese Ausgabe erschien im Jahr 2024

ISBN: 9789359948065

Herausgegeben von
Writat
E-Mail: info@writat.com

# Inhalt

# TEIL I

# PROLOG

## IN ROCOZANNE, JERSEY

„Es ist sehr nett von dir, mich kennengelernt zu haben, Ambrose."

„Aber sehr unnötig?"

Mr. Severn lachte bewusst, bedeckte sich aber wieder, indem er seine breite Handfläche unter seinen Nasenlöchern ausbreitete und mit einer langsamen Abwärtsbewegung den kurz geschnittenen Schnurrbart und Bart glättete, der seine Lippen und sein Kinn verbarg. Es war eine neue Gewohnheit, aber auch das Wachstum war neu, und Ambrose war überrascht, als er feststellte, dass es in seinem Alter zehn Jahre dauerte.

„Nun, du weißt, dass ich dir gesagt habe, du sollst mich nicht treffen."

„Das haben Sie, und aus Höflichkeitsgründen sagen Sie nicht, was Sie nicht meinen." Es gibt einige Leute, die an ein System formeller Einführungen im Himmel selbst glauben. Wenn Sie sich Gesellschaft in St. Brelade gewünscht hätten, hätten Sie die Sache meinen Vorstellungen von Anstand überlassen. Ich werde Sie jedoch beruhigen. „Ich fahre mit dem zurückkommenden Zug in die Stadt."

„Ich werde warten und dich verabschieden."

„Und tun Sie beim Fahren, was Sie wollen. Wenn Sie lieber zu Fuß gehen möchten, wartet der Hundekarren auf mich.

„Danke, ich würde lieber zu Fuß gehen", sagte Mr. Severn.

Sie hatten das Ende der Plattform erreicht und wandten sich nun wieder der Bucht zu. Seine Wellen wogten mit Gischtkämmen, in die Möwen mit der Sonne auf ihren Flügeln eintauchten. In der Ferne strömten Sonnenstrahlen über St. Helier's, das tief am Ufer lag und dessen befestigte Anhöhen im Schatten vor der Schwärze eines Sturms lagen aus dem Westen herauf. Es war Flut und Elizabeth Castle war von einem wogenden Meer umgeben. Eine Kurve aus gelbem Sand, mit hier und da einem Martello-Turm, markierte die Küstenlinie. Die Luft war erfüllt vom Rauschen der Wellen und dem Rauschen eines aufkommenden Windes.

„Wenn ich jemals heirate, werde ich Ihre Erfahrungen der letzten vierzig Stunden wahrscheinlich nicht in die Tat umsetzen", sagte Ambrose Piton, als sie mit ein paar gemächlicheren Leuten zurück zum Zug schlenderten. „Eine Fahrt von fünf Meilen von Ihren Mooren in Yorkshire in Old Lafer bis zum nächsten Bahnhof, Wonston, nehme ich an – ein Ansturm durch England nach Southampton, zehn Stunden Stampfen in einem schmutzigen

Meer, mit unserem Raupenzug hierher nach St. Aubin , und schließlich ein drei Meilen langer Spaziergang. „Bei Gott, du fühlst dich bestimmt ziemlich erschöpft."

„Oh nein, ich bin an solche Reisen gewöhnt. Ich habe genau das Gleiche getan, mit Ausnahme dieses letzten Spaziergangs, als ich nach Jersey kam vor fünf Monaten und hatte das Glück, Miss Hugo kennenzulernen. Wenn du heiratest, wirst du wahrscheinlich kein Mann von fünfzig sein, der mit den Angelegenheiten anderer Leute überlastet ist, Ambrose. „Es ist dieser Spaziergang nach Rocozanne, der einem Spaß macht", fügte er mit einem freundlichen Lächeln hinzu. „Du hältst es für unvereinbar mit der Leidenschaft eines Liebhabers, dass ich nicht so schnell laufe, wie deine gute Stute mich nehmen würde." Die Wahrheit ist, ich möchte eine Stunde Freizeit. Wenn jemand ein zweites Mal heiratet und in meinem Alter ist und es sich um ein junges Mädchen handelt, das gut genug ist, eine zu übernehmen, ist die Verantwortung viel größer, als wenn zwei junge Menschen heiraten; Wissen Sie, man hat größere Bedenken, ob die eigene Frau glücklich sein könnte. Seit ich Clothilde gewonnen habe, hatte ich kaum Zeit, mein Glück zu verwirklichen. Während dieser Reise hatte ich mit Korrespondenz zu kämpfen, die als Arbeitsrückstand gelten würde, wenn sie nächste Woche übrig bleiben würde. Und jetzt wird mich ein Spaziergang erfrischen und meine Gedanken wieder ins Gleichgewicht bringen, denn morgen, bitte Gott, ich soll verheiratet sein. „Mein Alter muss die Entschuldigung für das sein, was Ihres für Lauheit hält."

„Ich glaube nicht, dass du lauwarm bist", sagte Piton unverblümt. „Aber ich sage Ihnen was, Sir, Sie sind mit fünfzig einfältiger als ich mit fünfundzwanzig."

'Einfältig? Wie? Ich verstehe nicht.'

„Man nennt einen Spaten einen Spaten und denkt, es sei einer", sagte Piton lahm, aber mit einer verzweifelten Entschlossenheit, die einen ernsthaften Unterton des Nachdenkens erkennen ließ.

„Natürlich, unkompliziert. Das würdest du selbst tun.'

„Oh, sicherlich", sagte Piton voller Beklommenheit. „Hier kommt die Lokomotive", fügte er mit unbeholfener Eile hinzu, als er auf den Zug sprang.

„Einen Moment – wie geht es ihr?"

„Clothilde? Sehr gut.'

„Und Anna? „Es ist sehr nett von Ihnen und Mr. Piton, dass wir die kleine Anna entführen dürfen."

„Ja, das ist es", sagte Piton. „Aber sie wurden nie getrennt, obwohl sie nur Halbschwestern sind. Und obwohl Anna die Nichte meines Vaters ist und Clothilde nicht, und wir sie gerne in Rocozanne hätten, wissen wir, dass sie mit einer Frau besser zurechtkommt; Und da wir nur Diener haben, scheint es richtig, dass sie mit Clothilde geht. Aber mein Vater hat das alles erklärt", fügte er lächelnd hinzu. „Das ist ein kleiner wunder Punkt, wir gönnen sie dir."

„Sie muss oft nach Rocozanne kommen."

'Natürlich. Jetzt geht es los. Verpassen Sie nicht Ihren Weg.'

„Ich kenne die Abkürzungen", sagte Mr. Severn, als er sich abwandte. Piton lachte und winkte ab. Als er sich dann vorbeugte und zusah, wie er den Bahnsteig hinaufging, wurde sein Gesicht ernst. Er war ein gutaussehender junger Kerl. Seiner üblichen lockeren, gutmütigen Miene nach zu urteilen, waren die Linien seines Lebens an erfreuliche Stellen gefallen. Aber Jetzt hatte er einen Ausdruck, der von Schmerz zu Ekel und Groll überging.

„Wenn es jemals einen guten Kerl auf dieser Welt gab, dann ist es Severn", dachte er; „Und genau das macht ihn dumm genug, sich einer Frau unwürdig zu fühlen, die liebenswert erscheint." Ich frage mich, wann er anfangen wird, Clothildes wahre moralische Struktur zu erkennen. Gott sei Dank wird er nicht geschädigt, auch wenn er verstümmelt sein mag; Er ist aus härterem Holz geschnitzt, als ihm bis zum nächsten Tag klar wird, und er liebt Anna sehr, und nichts kann Anna verderben, nicht einmal Clothilde. Wenn ich das glauben würde, würden wir sie doch in Rocozanne behalten. Ich sehnte mich danach, mit der Wahrheit herauszuplatzen und ihm von Clothildes Verlobung mit diesem armen Kerl in Indien zu erzählen. Severn ist ihr völlig egal. Was für ein Herz sie hat, ist im Punjaub; aber weil es einem armen Mann gegeben wurde, spielt sie es falsch. Und sie hat ihm erst gestern einen Brief geschrieben, im alten Stil! Ich wünschte, Severn hätte es gehört Sie sagt es mir – so eine verdammte Coolness! Ein Vogel in der Hand und so weiter. Sie wird bei Danby bleiben, bis das Register mit Severn unterzeichnet ist; Sollte es im letzten Moment zu einem Ausrutscher kommen, würde der kompromittierende Geheimdienst den Fernen Osten nie erreichen, und wenn sie sich nicht mit jemand anderem einließ, würde sie vielleicht doch warten. Aber welchen Sinn hätte es, Severn davon zu erzählen? Es würde ihn nur verdammt unglücklich machen und meinen Vater empören, der glaubt, sie habe eine gütliche Meinungsverschiedenheit mit dem Punjaub, und es ihr überlassen, jemand anderen zu überreden. Ihre Schönheit würde es tun. Bei Gott, sie *ist* wunderschön, aber sie wird niemals nach Severn suchen, was sie nach Danby gesucht hat! Der Himmel weiß, was aus ihr werden würde, wenn mein Vater sich weigerte, sie wieder hier aufzunehmen. Sie wird nicht als Musiklehrerin arbeiten, nicht sie! Sie ist Dilettantin, keine

Enthusiastin. Die Moore, von denen Severn spricht, werden ein sicherer Ort für sie sein; Ihre Flügel werden gestutzt und sie kann keinen Unfug treiben. Ich hoffe nur Er wird ihr bald die Meisterhand zeigen und sie durch bloße Vorbildkraft zur Ehrlichkeit führen.'

Als Mr. Severn den Bahnhof verließ, gelangte er in die Schlucht hinter St. Aubin's, wo die Straße ins Landesinnere verlief. Als er an den verfallenen, schiefen alten Steinhäusern vorbeikam, deren düstere Feuchtigkeit sie kaum noch als Viehzucht geeignet machte, kamen verschiedene alte Weiber und Kinder heraus und starrten ihn an. Es gab keinen so großen Mann auf der Insel. Sie wussten nichts von Anakims, wie sie in den Yorkshire Dalesmen verkörpert waren. Seine Größe, seine massiven Gliedmaßen und seine breiten Schultern, sein pechschwarzes Haar, seine frische Farbe und seine glänzenden Zähne waren für sie eine Offenbarung. Eine Gruppe von Marktleuten, die am Bahnhof auf Corbière warteten, drängte sich an das Geländer und machte hörbare Bemerkungen. Sie waren jedoch auf Französisch und er verstand sie nicht. Als er sah, dass sie interessiert wirkten, nickte er und hob dann seinen Hut. Er interessierte sich weniger für sie als noch kurz zuvor an einem Wasserrad an der Straße, das einen silbernen Bach einsperrte, der über die Straße floss Rand einer Brombeerbank darüber. Etwas weiter entfernt befand sich ein Steinbruch, über dessen Stein er einige Augenblicke grübelte. Es traf das Herz des Hügels, ein ockerfarbener Fleck vor der dichten Samtigkeit des Stechginsters. Ein Mann in einer blauen Bluse splitterte an der Basis. Dies berührte sowohl seine Liebe zur Farbe als auch seine Instinkte als Verwalter eines großen Anwesens, auf dem Erde und Steine ständig im Mittelpunkt standen. Unterhalb des Steinbruchs gab es eine Abkürzung nach St. Brelade, die er jedoch nicht nahm. Er und Clothilde Hugo hatten die Abkürzungen nicht genommen, als sie zusammen waren, und er erinnerte sich an einen Punkt auf der Straße, den sie ihm gezeigt hatte, von wo aus man einen Blick auf die weißen Häuser von St. Helier's werfen konnte, die vor dem amethystfarbenen Meer in einem Binnenland schimmerten Einstellung. Er ging um die Straße herum, blieb ein wenig stehen und dachte an sie.

Wie gut war es von ihr, ihn zu nehmen! Welchen Glauben zeigte sie an ihn! Er voll erkannte die Isolation des Zuhauses, zu der eine Ehe mit ihm sie verurteilen würde. Er war nicht nur viel älter als sie, sondern war auch beeindruckt von der unterschiedlichen sozialen Stellung ihrer beiden. Er war von einem kleinen Pächter zum Verwalter der Ländereien von Admiral Marlowe aufgestiegen, und sie stammte aus einer guten alten Familie, die in der Aristokratie des stolzen Guernsey einen hohen Stellenwert hatte. Er konnte ihr Trost, aber keinen Luxus bieten. Sie war schön, sie war klug. Würde sie sich in Old Lafer begraben fühlen, oder würde seine Zuneigung den Verlust sozialer Sympathien wettmachen und der Unheimlichkeit der

Winterstürme und der Einsamkeit der Sommersonne einen Hauch von Glanz verleihen? Die innewohnende Poesie seiner Natur hatte sie in Rocozanne wie eine Blume unter Blumen thronen lassen. Er sollte nie den Blütenreichtum des Gartens vergessen, als er ihn bei seinem ersten Besuch betrat, den Farbenglanz der Pflanzen, die im Vergleich zu den heimischen Kräutern und Sträußchen von Old Lafer tropisch wirkten. Es hatte ihn geblendet. Das weiße Haus, das Leuchten von Geranien, der Duft von Heliotrop, das Plätschern des Meeres, das in der Sonne zitterte wie die Millionen Facetten von Diamanten, die Hitzenebel, die die Klippen umhüllten, die sanften Pilztöne der alten Kirche jenseits des Immergrüns Eichen, deren glänzendes, dichtes Laub das ganze Bild in ein hohes Relief tauchte, hatten ihn mit der Wahrnehmung von Brillanz, Leichtigkeit und Luxus beeindruckt. Clothilde, die sich langsam und anmutig von einem niedrigen Stuhl im Schatten der Bäume erhob und mit ausgestreckten Händen auf ihn zukam, vermittelte den Eindruck einer menschlichen Natur, die sich plötzlich alles unterwarf. Ihre Augen leuchteten willkommen. Die kleine Anna, die vom Tor auf den Kirchhof rannte, zwischen dessen Gittern sie mit dem Hund des Totengräbers gespielt hatte, ließ ihre Finger in seine Handfläche gleiten und starrte ihn mit einem elfenhaften Blick unter ihrem vom Wind wehten Haar hervor an. Clothilde bückte sich, strich das Haar glatt und küsste das Kind auf die Stirn. Die Aktion besiegelte das Schicksal von Herrn Severn.

Die Novemberdämmerung wurde immer dunkler, als er heute den höchsten Punkt seiner Wanderung erreichte. Ein paar weitere Schritte führten ihn zum Rand der Klippen über der Bucht von St. Brelade. Die Sonne war untergegangen und hinterließ grelle Schimmer, die einen Wolkensaum durchdrangen, der aus den dickeren Wolken darüber herausgerissen zu sein schien und den Himmel bald in einem treibenden Regennebel verbergen würde. Der Wind nahm zu. Schaumschichten prasselten gegen Noirmont, die Bucht war eine Wüste aus strömendem Wasser, das zum Strand strömte. Sein Blick wanderte darüber zu der Kirche, die am Fuße einer Schlucht voller Kastanien und immergrüner Eichen liegt. Er konnte die Masse des Turms vor dem Hügel erkennen. Der Damm, der den Friedhof stützte, wurde entlang des Terrassengartens von Rocozanne fortgesetzt. Aber er konnte Rocozanne nicht erkennen, bis plötzlich ein Licht aus einem Fenster aufflammte und er sich nach ein oder zwei unruhigen Schimmern dort niederließ.

Sein Herz machte einen Sprung beim Anblick dieses Lichts. Er freute sich über die Vorstellung, dass Clothilde es auf das Fensterbrett gelegt hatte, vielleicht um ihn an ihre Seite zu führen. Seine Gedanken flogen zu den vielen Nächten, in denen sie in Old Lafer nach ihm Ausschau hielt. Keine einsamen Abende mehr für ihn, keine trostlosen Heimkehrer mehr in langweilige und leere Räume. Guter Gott! zu denken, dass diese geliebte und schöne Präsenz sein Leitstern sein sollte. Aber er muss sich jetzt beeilen. Es war sicher, dass Clothilde ihn erwartete, ihr Gesicht an die Glasscheibe drückte und die Straße beobachtete. Wäre es hell gewesen, hätte sie seine Silhouette am Rand der Klippe sehen können. Sie könnte annehmen, dass er fuhr, und sich wegen der Verzögerung zunehmend Sorgen machen. Er ging schnell weiter, sein Herzschlag hielt den Takt seiner Schritte, seine Gedanken waren voller Gelübde und Vorsätze, um ihr lebenslanges Glück zu ermöglichen, soweit es in seiner Macht stand. Er erinnerte sich, dass er sie einmal bei einem früheren Besuch dabei erwischt hatte, wie sie auf Ambrose und ihn aufpasste war eines Nachts spät gelaufen. Die leichte Angst hatte ihr dann ein blasses Weiß verliehen, das sich in dem Moment in Röte verwandelte, als ihr Blick auf sie fiel, als sie die Stufen vom Strand in den Garten hinaufstiegen. Sie war vor ihnen an der Tür. Die Flut war noch nicht zu hoch, um zuzulassen, dass er heute die Stufen hinaufstieg. Vielleicht würde sie ihm noch einmal die Tür öffnen.

Er war jetzt im Dorf, und als er es bald durchquerte, ging er die Sandbank hinunter zum Strand, von dem ein Streifen noch frei von mehr Meer war als die Hefeflocken, die im Wind flogen. Noch einen Moment und er war die Stufen hinaufgestiegen. Sie wurden von einer Vielzahl blühender Chrysanthemen überragt. Er trat zwischen zwei Pampasgrasbüscheln in den Garten und blickte auf die niedrige weiße Fassade von Rocozanne. Alles war still und im Moment dunkel. Er stand regungslos da und lauschte. Dann bemerkte er, dass die Haustür weit offen stand. Im nächsten Moment ein Lichtblick fiel hoch auf die Innenwände und löste sich allmählich auf, als eine Gestalt langsam die Treppe hinunterkam. Es war Clothilde Hugo. Sie trug eine Lampe und als sie die unterste Stufe erreichte, erleuchtete sie sie stark. Sie war groß und schlank. Ihr Gesicht war blass, hatte exquisit geschnittene Gesichtszüge und ragte über einen Hals mit unvergleichlichen Kurven. Eine lockere Masse dunkler, welliger Haare war über einer niedrigen weißen Braue gescheitelt. Ihre düsteren Augen gewannen durch die Intensität ihres unbewussten Blicks in die äußere Düsternis an strahlender Tiefe. Sie trug ein schwarzes Kleid, lang, fließend und schlicht, wie es damals Mode war. Es war tief ausgeschnitten, und um ihren Hals hing ein Band aus leuchtend scharlachrotem Samt. Die bis zum Ellbogen herabhängenden Ärmel zeigten wunderschön modellierte Arme, und ein scharlachrotes Band umschloss ihre Taille.

Sie stellte die Lampe auf den Tisch und stand, halb zur Tür gewandt, da und lauschte. Oh! Wenn er nur gewusst hätte, wie große Angst an ihren Herzen nagte – er war zu spät; war er nicht gekommen, hatte er etwas gehört, *kam er nicht*? Würde sie schließlich auf Lucius Danby warten müssen? Nun, sie hatte Lucius noch nicht entlassen, dieser Brief würde erst verschickt werden, nachdem sie die Frau eines anderen Mannes war; er braucht es nie zu erfahren –

„Clothilde!“

Es war Mr. Severns Stimme. Er war ihr nahe, so nah, dass seine eifrigen, vor Glück getrübten Augen keine Zeit hatten, einen schnellen, krampfhaften Schatten zu sehen, der über ihr Gesicht strich und sie aus einem angenehmen Traum in eine Realität zu erinnern schien, die allen Sinnen zuwider war . Einen Moment lang stand sie regungslos da, als sei sie gelähmt. Er ergriff ihre Hände. Sie waren eiskalt.

„Clothilde“, sagte er noch einmal, „mein Liebling, mein –“

Sie drehte sich um. Noch einen Augenblick, und sie war in seinen Armen und hatte ihre Arme um seinen Hals geworfen. NEIN! NEIN! sie hatte sich nicht nach Lucius gesehnt! *Das* war es, was sie gewollt hatte. Die quälende Angst davor, dass es passieren könnte Wenn sie nicht scheiterte, war sie verschwunden – eine Angst, die sie nie gekannt hätte, wenn sie nicht eine andere im Stich gelassen hätte.

Aber das wusste er nicht. Er dachte, sie liebte ihn wirklich und nur ihn.

# KAPITEL I

## ALTER LAFER

„Jetzt Kinder, kommt herein; Bettzeit!'

„Oh Anna!" ertönte mit gedämpftem, vorwurfsvollem Chor, als sich vier Schoßhähne auf der Wiese, auf die Anna Hugo über die Gartenmauer hinweg auf Old Lafer blickte, aufsetzten und vier Kinder enthüllten. Drei davon waren Mädchen mit Namen Antoinette, Emmeline und Joan. Alle waren gutaussehend – mit cremefarbener Haut, dunklen Augen und lockigem braunem Haar, das ihnen über Holland-Kitteln bis zur Taille hing. Diese Kittel waren am Hals tief ausgeschnitten und hatten kurze Ärmel, so dass rebellische Schultern sich mit Achselzucken und Drehungen aus ihrer Gefangenschaft herausdrücken konnten und ihre nussbraunen Ellbogen mit Grübchen zum Vorschein kamen.

Anna lächelte, als die Kinder ihre Haare zurückstrichen und ihr ihre geröteten Gesichter zuwandten. Sie fragte sich, wessen Stimme als Erste gegen ihre Hartherzigkeit protestieren würde.

„Wir spielen an Gräbern", sagte Emmeline schüchtern, zwinkerte und nickte, ohne dass Antoinette die Führung übernahm.

„Zum allerletzten Mal in diesem Jahr", sagte Antoinette.

„Weil dies das allerletzte Heu ist, das in Old Lafer übrig geblieben ist; „Elias sagt es", sagte Jack.

„Natürlich ist es das", sagte Antoinette; „Haben wir nicht nacheinander auf allen anderen Feldern Gräber gespielt, dummer Junge?"

„Elias wird nicht mehr lange brauchen, Anna", sagte Emmeline. „Er räumt die letzte Schlittenladung am Bach ab, und das Spiel besteht darin, dass er erraten soll, welcher Schoßhahn wer von uns ist."

„Und wenn er richtig geraten hat, geben wir ihm einen Kuss", sagte Joan.


„Das tue ich nicht", sagte Jack.

„Weil du nur ein Junge bist", sagte Antoinette, deren Berufung es schien, Jack zu brüskieren und so jeden nachzugeben, ihm als dem einzigen Jungen nachzugeben, zu dem andere in Versuchung geführt werden könnten.

„Sie können warten", sagte Anna hastig, und während sie sich wieder mit Heu bedeckten, unter viel gedämpftem Kichern und Ermahnungen zur Vorsicht, und indem sie Anna zuriefen, sie solle sich vergewissern und sagen, ob noch eine Nase oder ein Fuß sichtbar sei, kletterte sie hinauf oben an der Wand und setzte sich.

Die Sonne stand tief – noch ein paar Augenblicke, dann würde sie hinter dem Haus im Moor versinken. Die Schatten lagen lange auf dem Gras. Der Garten befand sich rechts von der Eingangstür, deren unebene Stufen über mit goldenen Steinackern verzierte Fahnen hinabführten. Old Lafer hatte eine lange Fassade und ein steiles Strohdach mit tiefen Dachvorsprüngen, wo Schwalben gerne bauten. Die beiden Fensterreihen waren mit Bleischeiben vergittert; Monatsrosen reichten bis zu den Fensterbänken der unteren. Ein dichter Efeuwuchs rund um die Tür kletterte bis zur Traufe am Ende des Hauses, das am weitesten vom Garten entfernt war, und verstärkte die raue Wirkung des Flechtensteins. Darunter entsprang ein kleiner Bach, klar und kalt wie Kristall, unter der Molkerei hervor und floss in einem Rinnsal die Steinplatten hinab, wobei er leise murmelte, als wollte er sich unbedingt in dem von Farn gesäumten Trog auf der anderen Seite der Mauer verstecken. Die Wände waren alle voller Weinraute, Vielfüßler und Storchschnabel – ein jahrelanger Gewächs –, den niemand berühren durfte. Es gab nichts, was Mr. Severn an diesem Ort mehr schätzte als seine Teile der ungebildeten Natur. Er hatte eine Abscheu vor dem Astmesser, mit dem Elias rücksichtslos Flieder und Dornen bearbeitet und sie so zurückgeschnitten hätte, dass sie ordentlich aussahen. Diese säumten das Tannenbüschel, das Old Lafer im Norden schützte, und durften über den Garten hinausragen, wobei ihre wilden Blütenbüschel ihnen folgten Duft dicht an den Wandblumen, die in einem dichten Beet unter den Fenstern des besten Salons wuchsen. Der Garten war vor Jahren als bestes Wohnzimmer angelegt worden, als Old Lafer das Herrenhaus war und die Marlowes dort wohnten. Es war voll von altmodischen Blumen und Kräutern, ein Garten, in dem Bienen verrückt werden konnten. Mr. Severn hatte eine Reihe von Bienenstöcken unter der sonnigsten Mauer, und bevor der Leng wehte, dröhnten die Bienen den ganzen Tag auf Flügeln hin und her das hätte beschwipst sein sollen, wenn sie es nicht wären. Als der Leng weg war, kannte der Garten sie nicht mehr.

Es war Ende Juli, und im Moor herrschte eine Flut, die abrupt bis zum Horizont hinter dem Haus reichte. Vorne fielen die Wiesen in das Tal des Woss ab und stiegen dann wieder an bis zum Dorf East Lafer. Danach nahmen Laub und Anbau zu. Die Ebene, die sich bis zu den Wolds erstreckte, war abwechslungsreich mit Brachland, Stoppeln und Weideland. Seine Farbtöne waren opaleszierend. Anna liebte es besser die tiefblauen Schatten, die in jeder Mulde der Hügel lauerten, ihre Formen zeigten und ihren Sonnenschein verstärkten.

Als Elias Constantine vom Bach den Hang hinaufkam, war er vor dem Schlitten. Sein Rechen hing über seiner Schulter und er stützte sich auf einen

Stechpalmenstock. Er wartete nicht auf das Pony und spannte jeden Muskel an, um seine Ladung zu landen, sondern bemerkte beiläufig: „Hallo, komm rauf, Jane, meine Süße!" gemacht für die Schoßhähne. Er schaute zu dem Geschäft auf und zwinkerte Anna zu, als wollte er es sagen. Er stapfte umher, stupste einen nach dem anderen an und versuchte, Hinweise für seine Vermutungen zu sammeln. Er war nie willkürlich und hasste es, falsch zu liegen. Seine scharfen alten Augen täuschten ihn jetzt nicht. Als Jane sie erreichte, waren sie alle bereit, gemeinsam das Feld hinaufzugehen. Die Mädchen schüttelten Heusamen aus ihren Haaren, und Jack schob Jane jedes Mal Futter unter die Nase, wenn Elias sie „atmete".

„Es tut mir so leid, dass unser ganzes Heu drin ist", sagte Antoinette und blickte über die andere Seite Zu den Feldern, die noch in Schwaden und Hechten liegen, schwenken.

„Das wärst du nicht, wenn du es hättest", sagte Elias. „Es ist eine Zeit, in der man selten Sport treibt, um das Wetter und die schwankenden Regenschauer und den Sonnenschein in Providence zu beobachten."

„Lias, warum frisst Jane dieses Heu nicht?" fragte Jack, dessen Irrlichter beschimpft und verachtet wurden.

„Weil sie satt ist."

'Oh! man sollte sagen, sie hat genug gehabt; „Anna sagt es", sagte Joan.

„Verdammt, wenn ich etwas anderes sagen sollte, als ich es tue, Missie."

'Oh! Was für ein lustiges Wort, verdammt!' sagte Jack.

„Ich glaube, da habe ich mich geirrt", sagte Elias verlegen.

„Es wurde nicht geknallt, es gibt nichts zu knallen", sagte Antoinette.

„Ich weiß, dass es hier draußen keine Türen gibt, Netta –"


„Jetzt meinst du Dinah, wenn sie sauer ist. Schade, Jack."

„Ich schätze, da ist jemand gegen sie vorgegangen", sagte Elias, der als Dinahs Ehemann nicht nur wusste, wie Türen zuschlagen konnten, sondern auch loyal in seinen Ausreden war.

Sie hatten jetzt den Zaunübertritt erreicht und Elias schickte sie darüber. Seiner Meinung nach hatte Fräulein Anna ziemlich lange genug auf die „Baärns" gewartet. Sie hatte an diesem Tag kein bisschen Ruhe gehabt und sie musste sich danach sehnen. Sie war wie sein Augapfel. Mrs. Severn mochte eine hübsche Dame sein, aber sie benahm sich nicht „gutaussehend". Er lehnte es ab, jemanden „Missis" zu nennen, der nur die

Frau des „Meisters" war, und trotz Dinahs Ermahnungen zu konventionellem Respekt nannte er sie nur sehr selten „Missis"; Sie war in seinem Wortschatz im Allgemeinen „Clo". Was war schon von der Geliebten einer Frau, die ihre Zeit im Sommer in der Hängematte unter den Bäumen und im Winter auf dem Sofa verbrachte, Gitarre oder Geige spielte oder mit ihr spielte? Kinder, während ihr Mann das Abendessen bestellte, die Bücher der Handwerker zusammenstellte und nachts seine Ruhe dadurch störte, dass er als Oberschwester fungierte? Bis Miss Anna die Schule verlassen hatte, hatte es an diesem Ort keinen Trost gegeben. Dennoch vergötterte Mr. Severn seine Frau! Es „verrückte" ihn, wie ein Mann mit Verstand so dumm sein konnte! Seine Meinung über ihn wäre um ein Vielfaches gesunken, wenn er nicht auch Fräulein Anna vergöttert und so seinen Charakter von dem Vorwurf befreit hätte, sich von seinem guten Aussehen beeinflussen zu lassen. Sogar Elias wusste, dass sie neben Mrs. Severn und ihren Kindern nicht gutaussehend aussah, aber sie hatte ein Lächeln und einen Glanz in ihren Augen, wie Mrs. Severn sie nie hatte.

Anna sprang von der Mauer und beim Durchqueren des Gartens trafen sie auf die Kinder auf den Fahnen. Sie schlenderten alle durch den Flur und die flache Eichentreppe hinauf und unterhielten sich flüsternd, damit die Mutter oder das Baby nicht schliefen. Oben führten verschiedene Streifen altmodischer schnurgebundener Drogen zu den verschiedenen Schlafzimmertüren. Frau. Severns Tür stand offen und Jack und Anna spähten gemeinsam herein, er spähte um ihre Röcke herum und schüttelte zugunsten der anderen seinen Lockenkopf. Es gab weder Geräusche noch Bewegungen. Der Raum war niedrig, schwer mit Mahagonimöbeln ausgestattet und wirkte dunkel. Vor einem Fenster war ein mit rotem Dimity bedecktes Sofa zu sehen. Seine Kissen waren an einem Ende hoch aufgetürmt, und auf ihnen ruhte ein dunkler Kopf und das elfenbeinartige Profil eines Gesichts, auf das die letzten sanften Sonnenstrahlen fielen.

„Clothilde", sagte Anna sanft.

Es kam keine Antwort, aber sie trat vor, und als sie sich über die Rückenlehne des Sofas beugte, stellte sie fest, dass Mrs. Severns Augen weit geöffnet waren.

„Kommt rein, Kinder, Mutter ist wach", sagte sie.

Die Tür wurde weit aufgerissen und alle marschierten hinein und hinauf zum Kinderbett, wo das Baby lag.

'Ah! „Clothilde", sagte Anna, „es gibt keine." so taub wie diejenigen, die nicht hören wollen, nicht wahr? Ich war mir sicher, dass du wach bist, aber du fühlst dich faul, und je länger du hier liegst, desto fauler wirst du dich fühlen! Die Hitze, die zu dieser konstitutionellen Tendenz hinzukommt, ist verblüffend, nicht wahr?

Sie sprach satirisch und lächelte, versuchte aber gleichzeitig, die Kissen bequemer zu arrangieren. Mrs. Severn schob sie jedoch weg und setzte sich auf.

„Du hältst mich immer für faul, wenn ich müde bin; „Du bist ein ermüdendes, widersprüchliches Geschöpf", sagte sie.

„Nein, das tue ich nicht, nicht immer." Aber man wäre nie so müde, wenn man nicht so faul wäre, was paradox ist! Und du siehst heute Abend so stark und gesund aus –"

'Stark! Ich sehe nie stark aus, Anna; man könnte genauso gut gleich robust sagen. Und du weißt, dass ich nie vulgär aussehe.'

„Liebling, wer hat ein Wort über Vulgarität gesagt? Ich habe nur so viel gemeint, wie ich gesagt habe. Wenn stark auszusehen heißt vulgär zu sein, dann bin ich es und danke Gott dafür. Aber Sie sehen heute Abend wirklich gut aus, und wenn Mr. Borlase Sie sehen würde, würde er sicher sagen, dass es Ihnen gut geht. Wann wirst du unsere Augen wieder erfreuen, indem du im Salon bist, du schöne Frau? Was für ein hässliches Entlein ich unter euch allen bin, nur Elias tröstet mich mit seinem „göttlichen, schlichten Frauengesicht". Vielleicht entwickelt sich meines in diese Phase."

Sie hatte eine Bürste vom Frisiertisch genommen und Mrs. Severns Haar gelockert. Von ihrer Stirn zurückgestrichen, fegte es in einer dunklen, wolkigen Masse über die Kissen. Ihr Gesicht war blass wie Marmor, denn jetzt gab es keinen Sonnenschein, der es färben konnte. Sein Ausdruck war von einer statuarischen Ruhe geprägt. Die vollkommenen Merkmale ließen kein Gedanken- oder Gefühlsspiel zu; Sie waren nicht nur leer wie eine leere Seite, sondern deuteten auch auf die innere Leere völliger Selbstbezogenheit hin. Sie sah verträumt und apathisch aus. Ihre Augen schienen größer zu sein, waren es aber nicht mehr hell; Ihr Glanz wurde gelöscht, als ob ein unfühlbarer Nebel über sie gezogen würde. Man hatte das Gefühl, dass ihr Gesicht, ob in Freude oder Trauer, dasselbe bleiben würde. Aber seine Schönheit und die Raffinesse der gemeißelten Ruhe wurden durch diese beschäftigte Gleichgültigkeit zur absoluten Faszination gesteigert. Es löste Spekulationen aus. Wie war es als Kindergesicht gewesen? Hatte in der Kindheit kein Gefühl die Abstraktion überwältigt, oder hatte ein überwältigendes Gefühl sie dort festgehalten? Würde sie alt werden und es immer noch tragen? Der Tod konnte seine Ruhe nicht verstärken. Borlase, ihr Arzt, der ihr in ihren Stunden der Qual kompetente Aufmerksamkeit schenkte, spürte mit einem seltsamen Schauder, dass sie selbst in ihrer Qual auf seltsame Weise unpersönlich war – ihr Epitaph, was könnte passender sein als dieses: „Sie starb als ..." sie hatte kalt gelebt?'

Und nun hatten Annas geschickte Finger das üppige Haar zusammengerafft und flochten es zu Zöpfen, um es wie eine Tiara hoch auf ihrem Kopf zu winden Wirkung. Mrs. Severn hatte sich dazu erhoben, diese Manipulation einzugestehen, und beobachtete sie in einem Glas, das Anna ihr in die Hände gelegt hatte. Als es fertig war, trat Anna zurück und musterte sie, ihr eigenes Gesicht leuchtete vor stolzer und enthusiastischer Freude. Aber diese Freude berührte Mrs. Severn nicht, die über ihre letzten Worte nachgedacht hatte.

„Ich glaube nicht daran, dass das Göttliche untrennbar mit dem Menschlichen vermischt wird", sagte sie.

„Das ist pure Perversität." Du beraubst mich nicht nur um meinen Krümel Trost, sondern machst dich auch zum Andersgläubigen. Ich glaube außerdem nicht, dass Sie jemals darüber nachgedacht haben.'

'Das ist wahr.'

„Ja, man könnte mit Hodge sagen: „Ich denke hauptsächlich an nichts." Hodge, der gräbt, ist entschuldigbar, denn es gibt keine Inspiration in der Form, wo die einzige Abwechslung in der Größe der Steine und Würmer liegt, die er findet. Aber du bist so anders. Ich bin sicher du wärst glücklicher, wenn du beschäftigter wärst – „Satan findet immer noch Unheil, den müßige Hände anrichten können.""

Mrs. Severn ließ sich lustlos dem heftigen Kuss hin, mit dem Anna ihren Vortrag beendete.

„Wenn Sie Satan zitieren, bin ich zu Hause, aber ich weiß nichts über Hodge", sagte sie mit ihrer langsamen, wohlklingenden Stimme.

Anna lachte. Es war, als würde man einer Qualle die Logik demonstrieren, mit Clothilde zu streiten.

„Ich glaube wirklich, dass das eine Tatsache ist", sagte sie, „obwohl Hodge vor Ihrer Tür wohnt, und wir hoffen, dass Satan in der Nachbarschaft keinen Fuß fasst." Aber wie profan sind wir! Wie schockiert wäre Canon Tremenheere, wenn er uns hören würde! Übrigens, wissen Sie, dass der Mann seiner Schwester Julia tot ist – gestorben nach ein paar Wochen Krankheit?'

„Was konnte sie erwarten, wenn sie wieder heiratete?""

„Er war ein starker Mann und sie war so kränklich." Welchen Kummer hat sie gehabt!'

„Sorgen? Und wenn ja, dann hat sie auch große Freuden gehabt.'

„Oh Clothilde! Hoffen wir, dass das sie jetzt trösten wird. Glaubst du, es würde dich trösten?'

'Mich? Wie soll ich das sagen, Anna? Ich kenne keines von beiden, ich hatte keines von beiden. Der Superlativ kommt in meiner Lebenserfahrung nicht vor.'

„Dann bist du selbst schuld, Liebste", sagte Anna wehmütig. „Das Leben ist das, was wir daraus machen." Freude kommt nicht ungebeten; Wir müssen bei der Vorbereitung des Bodens helfen, sonst bleibt nur eine unkrautige Pflanze übrig, die in der Sonne verdorrt. Die Freuden des einen sind die Sorgen des anderen. Ich nehme an, Papa und die Kinder kümmern sich um dich.'

Frau Severn schwieg. Anna drehte sich um und lehnte sich ans Fenster und blickte in den Garten hinunter. Sein mittsommerlicher Glanz war mit dem Sonnenschein und dem Gewirr der Blumen verblasst, es fehlten die Liebkosungen der Brise und Sonne und Bienen, sahen gedämpft und beschämt aus. Zumindest glaubte sie das. Eine taufrische Süße hing über ihr und wehte in weihrauchähnlichen Düften zu ihr empor. Die Landschaft wurde neutral. Während sie hinsah, breitete sich über dem Tal ein blauer Rauchschleier aus, der aus einem Häuschen am Bach an der Ecke kam, wo er in den Woss stürzte.

'Herr. „Borlase ist gegen sechs vorbeigeritten", sagte Mrs. Severn plötzlich. Während sie sprach, musterte sie Anna.

„Er würde nach Wherndale gehen. Vielleicht kommt er auf dem Heimweg zum Abendessen vorbei. „Papa wird bald zurück sein."

„Vielleicht lässt du ihn das Baby sehen, sie war unruhig." Aber John kommt heute Abend nicht nach Hause. Ich habe eine Nachricht vom Büro erhalten; Er ist geschäftlich nach Schottland gereist, etwas Wichtiges ist passiert, und nichts würde den Admiral zufriedenstellen, als dass er sofort aufbrechen sollte. „Und irgendwo ist ein Brief von Rocozanne, von Ambrose", sagte sie fügte vage hinzu und suchte in den Falten ihres Morgenmantels. Da das nutzlos war, stand sie auf und entdeckte es auf dem Boden, während sie ihre Vorhänge schüttelte. Anna hob es auf. Es war an sie gerichtet. Sie drehte es um und erwartete fast, dass das Siegel gebrochen war. Mrs. Severn hatte die Angewohnheit, alle Rocozanne-Briefe zu öffnen, bis Anna vor Kurzem entschieden Einspruch erhoben hatte. Dieses war jedoch intakt.

„Warum hast du es nicht runtergeschickt?" sagte Anna. 'Wie lang hast du es gehabt? Du hättest es wegwerfen können, als du mich im Garten gehört hast. Da müssen Sie mich gehört haben.'

„Es lag bei und ich habe es vergessen." Johns Nachricht hat mich verärgert. Wirklich, der Admiral hätte vielleicht ein wenig Rücksicht auf mich. Jetzt lies den Brief, Anna. Gibt es Neuigkeiten von Rocozanne? Ich nehme an, die Yacht der Kerrs wird Jersey noch nicht erreicht haben; Sie können Miss Marlowe nicht gesehen haben?'

„Oh je, nein! Sie wollten einfach gehen Zante am 15. „Aber ich habe jetzt keine Zeit, es zu lesen", sagte Anna. Der Vorwurf hatte einen unerwarteten Glanz auf ihrem ganzen Gesicht entfacht, und sie blickte Mrs. Severn mit Augen an, die plötzlich vor fein kontrolliertem Zorn glühten. „Alle sind wegen des Heus beschäftigt, und ich werde die Kinder ins Bett bringen." Kommt, Kinder, küsst Mutter. Was, Joan, such dir eine Packung aus?'

Sie kniete nieder, damit Joan ihren Hals umfassen konnte, dann schob sie ihre kleinen dicken Beine unter die Arme, stand auf und lief zum Treppenabsatz. Joan war nicht zu müde, um beim Joggen vor Lachen zu gurgeln. Die anderen rannten hinter ihnen her und gaben Mrs. Severn zufällige Küsse auf Gesicht und Hals. Sie ließen die Tür weit offen, obwohl sie ihnen befohlen hatte, sie zu schließen.

„Netta, Jack, Jack", rief sie. Aber sie waren rücksichtslos.

Sie sah zu, wie sie über den Treppenabsatz huschten, und lauschte dem Verklingen in einem Gang voller Stufen und Stimmen. Dann schlug eine Tür zu, Im weitläufigen alten Haus hallten Echos wider, und als sie verklangen, war alles still. Sie stand auf und schloss die Tür selbst. Als sie das Zimmer erneut durchquerte, blieb sie nicht vor dem Bettchen ihres Babys stehen, sondern ging zum Spiegel und blieb einige Augenblicke davor stehen und dachte darüber nach, wie bewundernswert diese losen weißen Vorhänge ihr dunkles Haar und ihre düsteren Augen hervorhoben. Sie hatte den starken Eindruck, dass sie eine Prophetin oder eine tragische Sängerin hätte sein sollen. Die Natur hatte ihre eigenen Möglichkeiten übersehen. Es gibt einen Unterschied zwischen „erschaffen" und „eine Schöpfung sein".

# KAPITEL II

## EIN MITTSOMMERABEND

Eine Stunde später überquerte Anna die Fahnen und las den Brief von Ambrose Piton. Es war lang und sie stand einige Zeit darin vertieft da, aber schließlich faltete sie es zusammen und steckte es mit einem Seufzer entschiedener Erleichterung in ihre Tasche. Dann stieg sie über den Zauntritt und sprang auf die Wiese hinunter.

In diesem Moment hörte sie das Geräusch eines Pferdes, das über die Straße galoppierte. Es blieb stehen und ein Tor klickte, dann fiel es mit einem Krachen zu, das die Hunde aufweckte. Sie wusste, dass es Mr. Borlase sein musste. Auf Zehenspitzen stehend blickte sie durch die Hecke und erwartete, dass er zum Stall abbiegen würde.


Aber er hat nicht. Er ließ den Blick über den Garten und die Felder schweifen, und als er den Schimmer ihres weißen Kleides zwischen den Gitterstäben sah, ritt er heran, stellte sich in seine Steigbügel und blickte hinüber. Ihr Blick begegnete seinem mit einem lachenden, trotzigen Ausdruck.

„Sprich nicht. Lassen Sie mich Ihre Bemerkung vorwegnehmen. „Ich weiß es", sagte sie.

„Sie können alles Erfreuliche erwarten."

„Das Gras ist taufeucht, Ihre Füße werden nass sein, Miss Hugo.""

Er lachte, blickte auf den Kopf seines Pferdes und schnippte eine Fliege aus seinem Ohr, dann sah er sie mit einem schnellen Seitenblick der Bewunderung wieder an. Sie bemerkte ihn nicht, denn sie stand auf dem Zauntritt und betrachtete ihre Hufe.

„Sie sind nass", sagte sie.

„Natürlich sind sie das. Du musst sie sofort ausziehen."

„Wenn du nicht gekommen wärst, hätte ich einen Spaziergang am Bach gemacht."

„Also, du wirst jetzt nicht laufen und musst sie ausziehen."


„Ja, das werde ich sofort tun", und dann tätschelte sie sein Pferd und fügte hinzu: „Meine Schwester möchte, dass du das Baby siehst, zumindest wollte sie das vor einer Stunde. Ich nehme an, sie hat dich vorbeireiten sehen, ins Tal."

„Nun, Miss Hugo, es sollte nicht diesen Unterschied zwischen *sofort* und *direkt geben* ", sagte Borlase. Er sprang von seinem Pferd, zog ihre Hand von seinem Hals und stellte sich zwischen sie. „Muss ich warten, während Sie mit Mrs. Severn sprechen?"

„Und meine Schuhe wechseln? Dann brauchen Sie nicht von einem neuen und widerspenstigen Patienten im Old Lafer zu träumen. „Ich würde mich sehr freuen, wenn du zum Abendessen bleibst, aber Papa ist weg."

Sie hatten die Tür erreicht. Ohne eine Antwort abzuwarten, rannte sie die Stufen hinauf und verschwand.

Borlase stand da und starrte in die Halle, wo sich Tünche und schwarze Eiche abwechselten. Durch eine offene Tür am Ende hörte er, wie Elias Dinah vorlas, die inzwischen zwischen der Küche und der Molkerei hin und her huschte schlüpfte in ihre Holzschuhe und klapperte in den Hinterhof oder in die Gebäude. Er las jeden Abend laut vor und sie hörte nie bei der Arbeit zu, um zuzuhören. Borlase hatte oft gelacht, als sie an das außergewöhnliche Durcheinander verkürzter Fakten dachte, mit dem ihr Geist beschäftigt sein musste. Aber heute Abend hatte er keine Lust zum Lachen. Im Gegenteil, ihre Einfachheit kam ihm erbärmlich vor. Unsere eigenen Stimmungen prägen die Handlungen anderer und er fühlte sich plötzlich deprimiert und enttäuscht. Nicht nur, dass ihm die Absicht, den Abend im Old Lafer zu verbringen, verwehrt geblieben war, Anna war auch alles andere als schüchtern gewesen, als sie ihn darum gebeten hatte. Es war sinnlos, in Sachen Schuhe diese entzückende Autorität über sie auszuüben. Sie ärgerte sich weder darüber noch ermutigte sie ihn zu allem, was er tun würde. Sein Puls war durch die Berührung ihrer Hand in Bewegung geraten, eine Berührung, die er unbedingt bedeutsam machen wollte. Sie hatte es als selbstverständlich hingenommen. Würde sie nie verstehen, was er von ihr wollte?


Und nun ist sie wieder aufgetaucht.

„Du darfst dich nicht sehen, Baby", sagte sie auf halber Höhe der Treppe. „Aber kommen Sie doch herein, nicht wahr?"

„Heute Nacht nicht", sagte er und ging um sein Pferd herum, um die Sattelgurte festzuziehen. Er blickte unwillkürlich zu den Fenstern von Mrs. Severns Zimmer. Aber niemand war zu sehen. Dennoch hatte er den Eindruck, dass sie beobachtet wurden.

„Ich habe einen neuen Song, der genau zu meiner Stimme passt." Clothilde wird dabei sein", sagte Anna.

„Ich werde bis dahin warten, um es zu hören."

„Ich dachte, dass dir ihre Begleitung egal ist."

„Das tue ich in der Regel nicht. Aber so oder so bedeutet es nicht viel."

„Ich habe Sie erklären hören, dass alles, auch das Trivialste, eine bestimmte Bedeutung in einer Richtung haben sollte", sagte Anna nach einer kleinen Pause des Erstaunens.

„Das habe ich, glaube ich."

„Und ich weiß, dass Sie eine große Verachtung für Inkonsistenz hegen."

'Ja.'

„Sie haben einmal gesagt, es sei das Zeichen unserer menschlichen Natur."

„Ich muss in einer hochtrabenden oder dogmatischen Stimmung gewesen sein." Vielleicht bin ich das oft. Es ist jedoch wahr. Es ist auch sein Fluch, und ich gestehe, dass ich daran schuld bin.'

„Oh nein, das glaube ich nicht. Ich weiß, dass Sie Klavier und Gesang lieber spielen als Geige oder Gitarre, aber Sie werden wegen irgendetwas belästigt, vielleicht wegen eines schlimmen Falles, und Sie mögen heute Abend überhaupt keine Musik. Verzeihen Sie mir, dass ich ein wenig geärgert habe.'

In ihren Tönen lag eine Musik, die ihm am Herzen lag! Sie stand auf der Treppe, die Hände auf dem Rücken, und nachdem er sich so sehr mit dem Sattel beschäftigt hatte, dass er wusste, dass es lächerlich war, drehte er sich um und blickte sie an. Sie untersuchte seine kritisch arbeiten; Da sie selbst ohne Rücken im Handgalopp reiten konnte, verstand sie die Bedeutung des Pferdes und der Ausrüstung. Er sah sie unbemerkt an. Es lief ihm das Blut aus dem Gesicht. „Wie wunderbar lieb sie mir ist!" dachte er und war dankbar, dass er es zusammenhängend denken konnte. Er hatte immer noch Macht über sich selbst, wenn er sein Wissen in Worte fassen konnte. Er hat auch darüber nachgedacht. Sie war unscheinbar, sie war klein – nicht die ideale Frau seiner Träume. Aber seine ideale Frau war schon vor langer Zeit verschwunden, und an ihrer Stelle – er wusste genau wann – war Anna Hugo mit ihrem Gesicht mit den dicken Augenbrauen, den kantigen Kiefern, ihrem widerspenstigen Wuschel aus grobem, dunklem Haar, ihren tiefliegenden, forschenden Augen usw. gekommen dieses Ausdrucksspiel, das ihn dazu verleitete, jeden ihrer Gedanken kennen zu lernen, weil es ihm so viele zeigte. Als er sich auf den Aufstieg vorbereitete, warf er ihr noch einmal einen Blick zu.

Diesmal trafen sich ihre Blicke. Sie waren eloquent und voller unverschämter Freundlichkeit. Sein hatte einen verzweifelten Blick, dem ihre Selbstbeherrschung eine Härte verlieh, die sie außer durch diese eine Vermutung nicht erklären konnte. Er war sicherlich in Schwierigkeiten. Sie waren Freunde, vielleicht konnte sie seinen Gedanken eine leichtere Wendung geben.

„Lass mich mit dir zum Tor gehen", sagte sie. „Ich möchte etwas über Ihre Fahrt hören."

Er las sie wie ein Buch und lächelte über die Schlichtheit ihrer Künste. Doch wie grausam sie sein konnte, weil sie mehr für andere als für sich selbst dachte! Der Gebrauch hatte ihre ursprüngliche Natur gestärkt, indem er ihr ihre zweite Natur auferlegte. Sie arrangierte, tröstete, disziplinierte und freundete sich mit dem gesamten Haushalt in Old Lafer an; und er, der wusste, aus welchen widersprüchlichen Elementen es bestand, wusste auch, dass sie in dem entschlossenen Bemühen, sie zur Einheit und Eintracht zu bringen, ihr Selbst aus den Augen verloren hatte. Das hatte sie für ihre Jahre alt gemacht, und sie behandelte unbewusst viele, die älter waren als sie selbst, als jünger, ein Groll mit ihr was er ihr einmal vorgeworfen hatte. Aber sie hatte es nicht verstanden. Das Falten ihrer Brauen, als sie darüber nachdachte, brachte ihn schließlich zum Lachen. Er sagte, ihre Gefühle müssten ihr zeigen, was er meinte, und die Frage, wer diese Gefühle hervorrufen würde, hatte ihn seitdem beunruhigt.

Borlase war in den Mires gewesen, um den alten Hartas Kendrew zu besuchen. Es war ein Name, der Annas Gesicht für einen Moment verdunkelte und ihn dazu brachte, keinen Blick auf sie zu werfen, während er ihn aussprach. Doch im nächsten Moment drehte sie sich mit einem strahlenden Lächeln zu ihm um.

„Haben Sie jemals von der Beerdigung gehört, zu der er und seine Frau einmal gingen?" Sie sagte. „Es war, als Beerdigungen noch Beerdigungen waren und mit Rum abgeschlossen wurden." Den ganzen Tag hatte es in Strömen geregnet, und das Wasser war ausgegangen. Jinny und Hartas mussten einen Bach überqueren. Sie saßen auf dem Sozius und waren beide schläfrig, und es war angenehm zu wissen, dass das Pferd seinen eigenen Weg nach Hause finden würde. Sie haben den Bach vergessen wäre draußen und könnte sein Brüllen vor lauter Wind nicht hören. Plötzlich wachte Jinny auf, ihr war sehr kalt und sie sagte: „Keinen Tropfen mehr, vielen Dank, keinen Tropfen mehr." Sie waren im Wasser, und es war die Flut an ihren Lippen, kein weiteres Glas Rum."

„Mein Gott, was für eine Rasur! Sind sie rausgekommen?' sagte Borlase.

'Ach nein! beide wurden weggespült und ertranken.'

„Aber Hartas –?“

'Ja. Er hat überlebt, um die Geschichte zu erzählen.'

„Dann ist seine Frau ertrunken? Nun ja, er hat es geschickt geschafft, herauszukommen.'

'NEIN.'

Borlase erwachte plötzlich und war verwirrt. Er sah Anna misstrauisch an, die unbekümmert mit abgewandtem Kopf neben ihm herging.

„Warum hast du das dann gesagt?“ er hat gefragt.

„Warum hast du gefragt, als du einen gesehen hattest? von ihnen im Fleisch vor einer Stunde?' sagte Anna lachend.

Borlase schwieg. Die Anklage war zu offensichtlich; ein weiterer Punkt für die Analyse seines inneren Bewusstseins.

„Die Fantasie eines Menschen orientiert sich immer eher an einer Katastrophe als am Glück“, sagte Anna.

„Nicht immer“, sagte Borlase scharf. „Ich hätte nie gedacht, dass Mr. Severn heute Abend im Moor nach dem Markt in Wonston unterwegs sein würde und ich den Abend nicht mit Ihnen verbringen könnte.“

'Aber warum nicht?' sagte Anna. „Ich habe dich gefragt und dir von meinem neuen Lied erzählt. Ich dachte, als du abgelehnt hast, hättest du es eilig, nach Hause zu kommen.'

„Wenn ich es eilig gehabt hätte, nach Hause zu kommen, wäre ich jetzt dort gewesen.“

Nun war es an Anna zu schweigen. Ihre Ressourcen schienen plötzlich erschöpft, der Streit abgeschwächt.

Sie hatten das Tor erreicht. Borlase fummelte an der Haspel herum und versuchte, sich ein paar Momente zum Nachdenken zu gönnen. Er kannte Anna viele Jahre und hatte sie die meiste Zeit über geliebt. Aber er hatte beschlossen, sie nicht zu bitten, seine Frau zu sein, bis er sein eigener Herr war. Gegenwärtig war er noch in einer Partnerschaft mit dem führenden Mediziner in Wonston, aber in einem weiteren Jahr würde die Partnerschaft auslaufen und er würde unabhängig sein und ihr ein Zuhause bieten können, das er ihrer würdig erachtete. Als er heute Abend nach Old Lafer kam, hatte er nicht vorgehabt, die Sache zu beschleunigen, aber jetzt fühlte er sich gedrängt, diese Gelegenheit nicht zu verpassen, so völlig unerwartet und verlockend sie auch war. Er blickte sie mit dem Groll der Verzweiflung an. Sie blickte auf der anderen Straßenseite in die farnreichen Tiefen einer Eichenplantage, wo die Dämmerung dem Ausblick eine verträumte Stille verlieh. Wie konnte sie so ruhig sein, wenn er so überfordert war? Würde sie seine Gefühle nie wahrnehmen? Was für eine Hilfe wäre ein Anflug von Schüchternheit in ihrem Verhalten! Er fürchtete, dass die Sprache ihre Freundlichkeit verlieren und nichts an ihre Stelle bringen könnte, aber noch mehr fürchtete er, dass seine eigene Untätigkeit jetzt seine Entschlossenheit lähmen und ihn entmannen könnte.

„Sie wird mich ablehnen; „Vielleicht würde sie mich ein zweites Mal akzeptieren", dachte er. „Anstatt dass ich ihr und mir selbst noch länger Unrecht tue, indem ich der Wahrheit nicht ins Auge blicke, werde ich männlich sein und sie direkt fragen; auf jeden Fall wird es sie dazu bringen, an mich zu denken.'

Er öffnete das Tor und sie kam lächelnd auf sie zu, um ihr die Hand zu schütteln. Er drehte sich abrupt um. Sein Gesicht hatte einen Ausdruck, den sie noch nie zuvor gesehen hatte. Sie stand wie gebannt da, blickte ihn unwillkürlich an und war sich kaum bewusst, dass sein forschender Blick ganz auf sie gerichtet war und eine Ernsthaftigkeit zum Ausdruck brachte, die ihr im nächsten Moment als überwältigend erbärmlich bei einem Mann vorkam. In diesem Moment entspannte sich die Anspannung ihrer Figur, leuchtende Farbe strömte über ihr Gesicht, ihre Augen fielen und verschleierten ungeahnte Tränen. Es war ihr erstes Selbstbewusstsein und es bewegte sie sie unaussprechlich, begeistert bis in die Tiefen ihres Herzens. Sie spürte eher, als dass sie hörte, dass er sich ihr näherte. Sie hatte das Tor mit einer Hand umklammert, denn so plötzlich war der Ansturm dieser neuen Gefühlsflut, dass es ihr schwindlig wurde, die Welt schwamm vor ihr. Seine Stimme mit einem neuen Klang, dessen Schwingung Musik zum Leben zu erwecken schien – die Musik der Liebe, der Ehe, der lebenslangen Kameradschaft, erreichte sie wie in einem Traum. Er sprach, immer noch mit dem Blick leidenschaftlicher Hingabe, der auf sie gerichtet war. Das war kein Traum. Sie hörte, sie sah.

Aber das war alles heute Abend.

Mitten in seine eifrige Rede brach Mrs. Severns Stimme ein. Beide hörten es und drehten sich erschrocken um.

„Anna, Anna!" Sie hat angerufen.

Sie stand an ihrem offenen Fenster und winkte. Anna war alarmiert, aber Borlase war misstrauisch.

„Geh nicht", sagte er und ergriff ihre Hand.


'Ich muss. Sie will mich.'

„Oh Anna, das tue ich auch. Aber es wird eine neue Gewohnheit für dich sein, mich zu wollen.“ Nun gut, ich werde warten.'

„Bis ich gehe und komme?“

„Genau so“, sagte er und lachte freudig.

Aber sie errötete bereits bei ihren eigenen Worten, und sein Lachen, das seine eigenen wilden Emotionen und ihre Hingabe zu befreien schien, ließ sie in sich zusammenschrumpfen.

'Oh! nicht heute Nacht. Wie könnte ich heute Abend zurückkommen? Es wird spät, es ist –“, sagte sie zusammenhangslos und entzog ihm die Hand.

Nicht bevor er sich zu ihr gebeugt hatte.

„Aber ich *werde* warten. Das habe ich getan und ich werde es in jeder Hinsicht tun“, sagte er flüsternd. Sie warf ihm einen kurzen Blick zu, hastig und neblig; ein Lächeln voller Tränen; ging an ihm vorbei und war weg.

Er lehnte sich an das Tor, beobachtete und wartete und suchte das Haus ab. Mrs. Severn war verschwunden. Niemand war zu sehen. Es dämmerte. Eine Fledermaus flog um ihn herum. Der Das Murmeln des Baches in der süßen, stillen Luft wurde jeden Moment klarer, als er seine „ruhige Melodie“ zum „schlafenden Wald“ sang. Sicherlich würde sie kommen.

Aber sie tat es nicht, und bald darauf bestieg er sein Pferd und ritt davon.

# KAPITEL III

## Borlase ist geistesabwesend

Borlase begann damit, wütend zu sein und hart zu reiten. Er war sicher, dass Mrs. Severns Unterbrechung absichtlich gewesen war. Es war unwahrscheinlich, dass sie jemandem gegenüber freundlich sein würde, der dem alten Lafer Anna wegnehmen wollte, die das Öl der Haushaltsmaschinerie war. Aber er dachte, er sollte sie schnell überlisten, es sei denn, sie entwickelte die Fähigkeit, Ärger zu machen.

Allmählich verlangsamte sich sein Tempo. Die Erinnerung an die plötzliche Schüchternheit in Annas Verhalten tröstete ihn. Er war sicher, dass sie endlich alles verstanden hatte. Das weckte Hoffnung und färbte ihr Nichterscheinen ermutigend Konstruktion; Sie hätte nicht zurückkommen können, denn dies zu tun hieße, seine Absicht zu umwerben. Je mehr er darüber nachdachte, desto überzeugter war er, dass er die alte Anna, die ohne einen Gedanken an sich selbst ging und kam, verbannt hatte. Als solche war sie entzückend gewesen, aber sein Puls raste bei dem Gedanken, wie viel entzückender sie jetzt sein würde. Möge er sie wieder nur für sich haben und keine sterbliche Macht sollte ihn von seiner Chance abhalten. Ihr Bild schien sich den ganzen Weg nach Hause vor ihm zu bewegen. Der Klang ihrer Stimme, ihre kleinen Sprach- und Gestentricks wurden in seinem Kopf fotografiert. Sie hatte einen Strauß süßer Erbsen um den Hals getragen, wie süß sie waren! Er ging alle Schwankungen ihrer Stimmung an diesem Abend durch, und als er sich daran erinnerte, wie ihre Freundlichkeit schließlich in Schüchternheit übergegangen war, machte sein Herz einen Sprung. Er würde bald mit ihr sprechen und in einem kurzen Jahr würden sie heiraten.

So endete seine Fahrt langsam mit dem Herabhängen Als er Wonston betrat, wurde er erst durch die elf Uhr der Minster-Uhr geweckt.

Er hätte einem Cottage in East Lafer einen Besuch abstatten sollen, und er wusste nicht, dass er durch das Dorf gekommen war – doch, das hatte er; Sein Pferd hatte vor den Gänsen gescheut, die auf dem Grün schliefen, und er erinnerte sich, dass er sich umgedreht hatte, um den letzten Blick auf die blinkenden Lichter von Old Lafer zu erhaschen. Warum zum Teufel hatte er den armen Kerl mit Schmerzen vergessen, der ihn erwartete? Was die Wege mit grasbewachsenen Rändern anbelangte, auf denen er normalerweise galoppierte, die Plantagen, die an das Fasanenschießen erinnerten, die entgegenkommenden Rüben, in denen sich Rebhühner versteckten, hatte er nichts davon gesehen. Der Charme der verschwommenen Landschaft, die Frische der Nachtluft mit ihren süßen Düften des Geißblatts, das hier und da in schaumigen Blättern über die

Ahorn- und Stechpalmenhecken geworfen wurde, waren ausnahmsweise unbemerkt geblieben.

Er hatte tatsächlich alles vergessen, als er an Anna dachte, wie ihm klar wurde, als er ankam in sein eigenes Haus. Im Flur empfing ihn ein schläfriges Dienstmädchen mit der Ankündigung, dass ein Junge aus den Mires schon seit einer Stunde auf Medikamente wartete. Er fand ihn in der Praxis, wie er mit baumelnden Beinen auf einem Stuhl hinter der Tür saß und die Mütze zwischen den Knien hielt. Er hatte ganz vergessen, was der alte Hartas Kendrew brauchte, und dass er einen Boten bestellt hatte, also konnte er sich nicht damit entschuldigen, dass er das Talent dieser Dalesboys, drei oder vier Meilen im Peitschenstich zurückzulegen, übersehen hatte. Er pfiff leise, während er die nötigen Medikamente heraussuchte und sie in einem Mörser vermischte. Es war sicher, dass ein Arzt nicht das Recht hatte, verliebt zu sein. Er hatte nicht viel aus dem alten Kendrew, aber wenn der Mann in East Lafer nicht um zehn zu eins geschlafen hätte, wäre er zurückgegaloppiert, um ihn zu sehen. Der alte Kendrew war ein elender Sünder, dessen Sterbeurkunde er jeden Tag mit Vergnügen unterschreiben würde. Er war nicht nur ein betrunkener Schurke und liebte einen Er hatte einen rücksichtslosen Hass auf ehrliche Geschäfte, kannte aber ein oder zwei zweifelhafte Tatsachen im Zusammenhang mit der Familie, die Borlase um Anna Hugos willen in besonderer Ehre erweisen wollte. Borlase wusste genau, dass in Mrs. Severns Charakter Elemente katastrophalen Fehlverhaltens steckten, und vermutete, dass Kendrew das auch wusste. Sie hatte Old Lafer zu verschiedenen Zeiten für einige Wochen verlassen und war in Kendrews Grubenhütte in den Mires geblieben. Dort hatte sie sich durch Unmäßigkeit erniedrigt. Dies machte es nahezu unmöglich, dass Kendrew nicht das Wissen und die Macht hätte, einen Skandal zu verbreiten, wann immer er wollte. Da er den Mann kannte, war es unerklärlich, dass er dies nicht bereits getan hatte. Seit ihrem letzten Besuch in den Mires war einige Zeit vergangen; und Borlase wusste, dass derzeit kaum über sie gesprochen wurde, außer mit Bewunderung für ihr Aussehen und ihre musikalischen Fähigkeiten. Ihre alten Freaks galten, wenn sie nur angedeutet wurden, als amüsant, als eine der Unverantwortlichkeiten des Genies. Er war davon überzeugt, dass die damit verbundene Sünde darin bestand, ungeahnt, wo es, wie in seinem Fall, nicht eindeutig bekannt war. Dinah Constantine hatte es ihm erzählt. Zusammen mit seinem professionellen Wissen über ihren Körperbau und Charakter hatte es ihn psychologisch interessiert.

„Und wie war Hartas, als du wegkamst, Jimmy?" fragte er, während er die Flasche zusammenfaltete.

„Herr, Sir, ich kam gleich nach Ihrem Tod wieder raus, also konnte es weder zu einer Verschlechterung noch zu einer Besserung kommen, aber ich weiß, dass er furchtbar geflucht hat." Ich habe ihn gehört, als Scilla mit mir über die Medizin gesprochen hat – er hat furchtbar geflucht!'

Borlase lachte.

„Er hat geflucht, oder?" er sagte. „Das ist seine Hauptbeschwerde, Jimmy, um die Wahrheit zu sagen. Es kommt daher, dass man *nicht* die Wahrheit sagt. Ein Mann verstopft seine Kehle mit Lügen und Schwüren, um sie zu untermauern, bis eine moralische Krankheit ihn erfasst und er nichts anderes mehr sagen kann, und wenn er trinkt und auch DT bekommt, wirken die moralischen und körperlichen Krankheiten aufeinander, bis er eine Masse aus Verderbnis, Seele und Körper ist. Passen Sie auf, dass Sie niemals fluchen und lügen, Auerhühner jagen und auf Tierpfleger schießen, wie es Hartas und sein Junge taten. Kit ist im Gefängnis, weißt du, weil er einen Aufenthalt in der Mühle hat, und Hartas geht es immer noch schlechter, da er jetzt in einer Zwangsjacke liegt. Seien Sie den Mächtigen gegenüber stets ehrlich und würdigen Sie den Admiral und Miss Marlowe.'

Jimmys Augen leuchteten vor Ehrfurcht. Was er in dieser Rede nicht verstand, war noch beeindruckender als das, was er tat. „Hartas sagt, er wird sich mit dem Admiral dafür abfinden, dass er Kit nach Mill geschickt hat, er sagt, dass er es eines Tages tun wird, Sir." Er schwärmt davon und ruft auch Miss Cynthia und Lias Constantine an, weil …"

'Ich wage zu behaupten. Weil du die Wahrheit gesagt hast?' sagte Borlase und nickte.

„Nun, er hat gesehen, dass er sie beide gesehen hat Töte die Vögel und lege neue Fallen. Dann bringt er Mrs. Severn durcheinander und –"

„Ja, ja", sagte Borlase hastig, „er ist ein streitsüchtiger alter Oberbeleuchter, der von einem Durst nach Rache gegen das Gesetz und diejenigen, die es aufrechterhalten, besessen ist." Ich fürchte, wir alle hassen es mehr, wenn wir einer Sünde beschuldigt werden, als die Sünde selbst. Jetzt geh nach Hause und sag Scilla, sie soll ihr Herz bewahren, er wird es schaffen.'

„Sie würde einen Deal machen, wenn er es nicht täte", sagte Jimmy, öffnete seine Jacke und knöpfte die Medizinflasche in seiner Brusttasche zu. Er rückte seine Mütze mit mehreren Hin- und Herbewegungen auf seinem roten Haarschopf zurecht und umklammerte einen schweren Stock, der in einer Ecke lag.

„Hartas' Rede löste in mir ein merkwürdiges Gefühl aus, Sir", sagte er mit einem scharfsinnigen, halb humorvollen Blick auf ihn, „dass ich mir ziemlich sicher war, dass es auf dem Moor ein paar Drehgestelle geben würde, und ich habe es einfach mitgebracht." Das hier, um in die Luft zu blasen.'

Borlase hätte gelächelt, wenn Jimmy ihn nicht mit einer Kühnheit im Auge behalten hätte, die aus dem Verdacht entstand, dass er es könnte. Und was gab es schließlich zum Lächeln? Jimmy Chapman war ein feiner kleiner Junge, und es war seine Erkenntnis der Mächte der Dunkelheit in der Person eines Trunkenbolds und Gotteslästerers, die für ihn das Moor mit dem Übernatürlichen bevölkerte. Als Hartas Kendrew infolge einer Trinkgelage ins Delirium tremens geriet, war seine Beschwörung des Teufels und seiner Agenten ein so reales Element im Leben der Grubenarbeiter im Mires, dass seine Schwärmereien – wenn auch widerwillig – den Glauben an die Wahrscheinlichkeit wecken mussten von Unholden und Schreckgespenstern, die reagierten. Wären die Mires ein respektables Dörfchen gewesen und seine Grubenbevölkerung hätte eine gesunde Moral und gottesfürchtige Prinzipien gehabt, hätte das Mitternachtsmoor keine Schrecken gekannt, denn das Gute hätte die Vorherrschaft über das Böse gehabt.

Die Form, die uns erschafft, sind die Umstände. Borlase wusste, dass es Kit hervorgebracht hatte Kendrew war Wilderer, als seine Frau an Fieber erkrankte. Zu dem Epigramm, dass „nichts sicher ist außer dem Unvorhergesehenen", meinte er, es könnte „oder mächtiger" hinzugefügt werden. So war es auch in Kits Fall gewesen. Bis zu seiner Heirat war er ein wilder Junge gewesen, dem mehr und schwerwiegendere Vergehen verdächtigt wurden, als man ihm zu Hause nachweisen konnte, der aber auch aufgeschlossen und gutherzig war. Diejenigen, die Hartas als durch und durch böse und unwiederbringlich verabscheuten, dachten oft freundlich an Kit; er würde in Schwierigkeiten geraten, allein schon wegen seines kühnen Geistes, und es wäre tausendmal schade. Als er heiratete, prophezeiten viele, dass dies seine Rettung sein würde. Priscilla war Kindermädchen im Old Lafer und ein gutes, treues Mädchen. Doch sie verlor ihr Baby und wurde krank, als der Winter am härtesten war. Es gab keinen Kohleabbau, da die Moore schneebedeckt waren. Kit liebte sie leidenschaftlich und pflegte sie hingebungsvoll. Er war entsetzt, als er diesen Tee und den Brei vorfand würde sie nicht wieder gesund machen. Es wurden Köstlichkeiten bestellt, sie musste stärkende Kost haben. Alle Umstände waren damals gerade gegen die Ehrlichkeit.

Borlase, der sich umsah und mit Anerkennung die außergewöhnliche Sauberkeit und Ordnung des Hauses bemerkte, hätte nie geglaubt, dass hier extreme Armut lauerte. Er musste noch lernen, dass es oft die Ärmsten sind, die sich die größte Mühe geben, am wenigsten arm zu erscheinen, und dass es Frauen gibt, die sich einen sauberen Kragen um den Hals binden, obwohl sie keinen Laib Brot im Schrank haben. Die Marlowes waren weg, und in diesem Winter gab es im Herrenhaus keine Suppenküche für die Landarbeiter, die sie nutzen wollten, und keine Miss Cynthia, die sich nach

Frau, Mann oder Kindern erkundigte und in einem kleinen Notizbuch aus Marokkoleder Notizen über die Notwendigkeiten machte, die viele gut kannten und zu schätzen wussten. Auch Anna Hugo war auf einem ihrer Besuche in Rocozanne weg. Es gab niemanden, der ihnen zur Seite stand. Es war sinnlos, zu Mrs. Severn zu gehen; und die Erinnerung an die zahlreichen Abfuhren, die er während seiner Zeit als Brautwerber von Dinah Constantine erhalten hatte, schmerzte sein Herz. Dinah hatte geglaubt, Priscilla würde sich selbst wegwerfen; sie kannte ihren Wert und bedauerte es, ihre Dienste zu verlieren. Je verzweifelter er wurde, desto mehr schreckte er davor zurück, Hilfe zu bitten.

Eines Tages, als er mit Medikamenten von Wonston zurücktrottete, fing sein Hund einen Hasen in einer Hecke. Er steckte es ein und machte Scilla etwas Suppe. Das war vor den Tagen der Ground Game Acts, als es eine Strafe war, ein Kaninchen zu berühren, dessen Bau sich auf dem Land befand, das ein Mann gepachtet hatte. Kit fing zuerst ein paar Kaninchen. Fast jeder Mann in den Mires tat dasselbe, und der Admiral wusste es. Aber sie taten es auf eine ungeschickte Art und Weise, die keine Angst vor ehrgeizigeren Plünderungen aufkommen ließ. Kit erkannte jedoch bald, dass in der Praxis eine Kunst und in ihr ein bluterwärmendes Risiko steckte verfolgen. Die Moorhuhn-Saison war in diesem Winter gerade vorbei, aber es gab andere Vögel, deren Ruhezeit nicht so streng eingehalten wurde. Als Priscilla wieder zu Kräften kam, hatte er sich eine Fähigkeit angeeignet, die ihn fesselte und alle Kräfte seines Geistes darauf ausrichtete, sie als Beruf zum Erfolg zu führen. Sie wusste nichts, aber Hartas wusste alles. Sie lagerten ihre Beute in einem Dub im Leng nahe der Kohlengrube, und im folgenden Winter handelte es sich bei dieser Beute um Auerhühner.

Dann kamen Misstrauen und Wachsamkeit seitens der Tierpfleger, verbunden mit einer schlimmen Auseinandersetzung, bei der Schusswaffen zum Einsatz kamen und ein Mann getötet wurde. Die Täter kamen jedoch davon und konnten nicht beeidigt werden. Kit wusste, dass die Polizei in Alarmbereitschaft war und nicht zulassen würde, dass sein Vater Risiken einging. Sie schwiegen beide eine Weile, und Kit war ohne die Aufregung, die ihn beherrschte, ein elender Mann. Hartas hatte die juckende Handfläche, aber Kit das junge Blut. Tun und wagen Sie es, er muss es tun. Und das tat er einmal zu oft. Es gelang ihm, den Wächtern zu entkommen, und keine Menschenseele in den Mires hätte ihn verraten; aber Elias Constantine, der in einem Schafsgang hütete, den Mr. Severn ohne sein Wissen übernommen hatte, blickte zufällig über eine Mauer, als er gerade einen Sumpfvogel aus der Schlinge zog. Für Elias, dessen Respekt vor dem Gesetz und allen überkommenen Institutionen angeboren und grenzenlos war, schien es, als sei er ein Instrument in den Händen der Vorsehung, um den Täter vor Gericht zu bringen. Hier waren Auerhühner und die

Auerhühner des Admirals, die zu Dutzenden in den Sack eines Wilderers wanderten! Hier befand sich aller Wahrscheinlichkeit nach auch der Mann, der den Schuss abgefeuert hatte, der den Unterwärter tötete. Wenn das kein Mord war, dann war es Totschlag. Er beobachtete den wissenschaftlichen Vorgang einige Zeit lang, das Lösen der Vogelbeine aus der raffinierten Drahtschlaufe, das Flattern der erschöpften Opfer, das letzte Drehen der Hälse, das Zurücksetzen der Schlingen.

Dann gab er seinem Collie ein Zeichen. Ein Sprung über die Mauer, ein Ansturm durch das Leng und der Hund war an der Kehle des Mannes und trug ihn zu Boden!

Mit Kit war alles vorbei und er wusste es. Auch er würde sich über diesen Schuss hinwegsetzen, was auch immer die Folgen sein mochten. Doch es gelang ihm, seinen Vater, der mit der Synchronisation beschäftigt war, durch einen Warnpfiff zu retten. Das schwache Morgenlicht verdeckte Hartas' Flucht. Aber Kit wurde dem Zorn einer empörten Richterbank aus Wildschutzrichtern ausgeliefert und anschließend dem Prozess durch Richter und Geschworene. Sie verhängten gegen ihn die volle Strafe des Gesetzes, nämlich eine Verurteilung wegen Totschlags.

---

# KAPITEL IV

## FREUDE UND Kummer vereinigen sich

Der Wonston-Marktplatz war an Markttagen ein lebhaftes Treiben. Es war voller Buden und Stände und voller Landleute mit ihren Produkten und Stadtbewohnern mit ihren Geldbörsen. An hellen Tagen konkurrierten die Sonnenschirme mit den Blumen- und Obstständen. Butter und Eier, Töpferwaren, Fleisch und Mais wurden in Körben oder auf dem Kopfsteinpflaster ausgestellt. In einer Ecke fand eine Auktion statt, in einer anderen rief ein Patentmedizinverkäufer einer Menge klaffender, halbherziger Kunden etwas zu, die mit ihren Kupfermünzen herumfummelten und sich den Kopf zerbrachen, um sicherzustellen, dass seine Waren auch verkauft würden ihren eigenen Beschwerden oder denen von Ben oder Sally zu Hause gerecht werden. Durch die Menge mit ihren kaleidoskopischen Farb- und Aktionswechseln bahnten sich Drags und Fours mit Ausflüglern unter lautem Hupen ihren Weg; oder ein roter oder gelber Omnibus, der wieder bis zu seiner Höhe mit Geflügelkörben beladen war, fuhr langsam dahin. In der Mitte erhob sich das Stadtkreuz, ein Obelisk auf Stufen, an dessen Spitze das Bürgerhorn und an der Basis eine Krimkanone hing. Der Sonnenschein schien über alles, erhellte die Markisen der Kabinen und verlieh der ganzen Szene eine strahlende Fröhlichkeit.

An diesen Tagen erwachte die verschlafene Altstadt. Die übliche Stagnation bei allen Themen außer den Angelegenheiten des Nachbarn verschwand, und man widmete sich großzügig der Zerstreuung von Spaziergängen, Ausgaben und Bekanntschaften. Alle freuten sich, jeden anderen zu sehen, der zur allgemeinen Lebendigkeit beitrug; und obwohl sich nicht jeder unter den ungünstigen Umständen vor jedem verneigte Sie könnten eingeführt worden sein, aber an diesem Tag gab es sicherlich weniger Lidkrümmungen als an jedem anderen. Es war die Ernte von Geld und Verstand. Stöhnende Kassen, die anschließend an die Banken ausgezahlt wurden; Überfüllte Geister gaben ihre überschüssige Münze ihrer Moral. Alles drehte sich um Eindruck oder Profit.

An einem solchen Tag stand Borlase vor dem Rathaus und unterhielt sich mit einem Freund. Es war später im Jahr, man verzichtete nun im Gespräch auf Rebhühnerjagd, *stattdessen* auf Stoppeln und Rüben. Er hatte gerade seine Meinung geäußert, als Mr. Severn ihn vom Getreidemarkt gegenüber anrief und die Straße überquerte.

Herr Severn war in den Jahren seit seiner zweiten Ehe nicht sichtbar gealtert. Er stand immer noch aufrecht und in seinem schwarzen Haar war ein wenig Grau zu sehen; Aber Borlase wusste aufgrund seiner Beobachtungsgewohnheiten und seiner Tatsachenkenntnis auch, dass seine

Fröhlichkeit immer bis zu einem gewissen Grad vorausgesetzt war. Sein Gesicht, wann Er ruhte, war traurig und raffte sich oft mit Mühe aus deprimierenden Gedanken auf. Dieser Gesichtsausdruck war auffallend deutlich zu erkennen, als er neben Borlase stand, dessen Gesicht ungewöhnlich glücklich und zuversichtlich war. Seine Größe stellte Borlase in den Schatten, dessen Zentimeter kaum dem Durchschnitt entsprachen und aufgrund seiner Brustbreite und seiner guten Muskelentwicklung weniger so aussahen. Die beiden Männer schüttelten sich lächelnd die Hand; Die scharfen Augen des einen und die ruhig einfühlenden Augen des anderen stießen auf echte Sympathie. Borlase kannte niemanden, zu dem er in jeder Hinsicht mit größerem Vertrauen aufsah, als zu Mr. Severn, der seinerseits Trost in dem Wissen fand, dass er in seinem Privatleben Tatsachen nicht unwissend kannte, von denen die Welt nur wusste vage Verdächtigungen und dass sie ihm und den Seinen die treue Sympathie eines weniger belasteten Herzens gesichert hatten.

„Nun, Borlase", sagte er, „du bist ein vollkommen Fremder, ich weiß nicht, wann wir dich gesehen haben." Ein- oder zweimal angerufen und alle raus? Pah! das zählt nicht. Ich wollte Sie gerade um einen Gefallen bitten. Werden Sie Pate für dieses Baby sein, das wir nächste Woche taufen werden? Sie soll Deborah Juliana heißen, nach Mrs. Marlowe. Es ist ein Name, der meine Frau fast umgebracht hätte, aber wir konnten uns eine Laune von Mrs. Marlowe nicht entgehen lassen. Sie denkt, dass dies unser letzter sein wird, da wir jetzt erkennen müssen, dass wir die Vorsehung nicht durch einen anderen Jungen ersetzen können, um die Verwöhnung, die Jack offensichtlich bevorsteht, zu mildern, und sie möchte dieses Vertrauen bestätigen, indem sie seine Patin wird. Sehr gut von ihr und sehr urig – alles von Mrs. Hennifer in Lord Chesterfieldismen umgesetzt. Sie müssen auch bei uns und Tremenheere speisen. Er tauft immer unsere Babys. Ich werde jetzt Tremenheere fragen.'

„Ich werde sehr glücklich sein", sagte Borlase.

„Mein lieber Freund, der Gefallen ist auf Ihrer Seite. Anna soll die andere Patin sein. Ich meinte das kleine Ding, das nach ihr benannt wird, dass ich vielleicht noch eine Anna übrig habe, wenn sie fliegt, was sie vermutlich eines Tages auch tun wird. Ich hoffe, es wird ein schöner Tag. Jetzt muss ich zur Canon übergehen. Anna geht einkaufen. Wenn Sie ihr begegnen, können Sie ihr diese Vereinbarung mitteilen.'

Borlase war noch nicht viel weiter gegangen, als er Anna auf der anderen Straßenseite sah. Sie hatte ihn jedoch zuerst gesehen und ihren Sonnenschirm heruntergelassen, um ihr Erröten zu verbergen. Er ging hinüber, und sie wartete am Rand des Bürgersteigs. Es kam ihm so vor, als ob sich der ganze Sonnenschein, der auf die Straße strömte, für einen

Moment auf ihrem strahlenden Gesicht niederließ. Aber ihre Art war so offenherzig wie immer. Das versetzte ihn in einen leichten Schock der Enttäuschung, denn er hatte mit einem Schatten der Erinnerung an ihren letzten Abschied gerechnet. Er war weit davon entfernt, zu ahnen, dass gerade diese Erinnerung ihren Ton und ihre Miene belebte, weil er befürchtete, sie könnte sich sonst zu gut erinnern, und das hatte er auch getan Ich habe mit Staunen und glücklicher Hoffnung darüber nachgedacht. Er drehte sich um und ging mit ihr weiter.

„Ich hatte gerade ein höchst unerwartetes Vergnügen", sagte er.

'Und was ist das?' sagte Anna.

„Ich soll Pate der kleinen Miss Deborah Juliana sein."

'In der Tat! Alles zusammen überhäuft dieses Baby mit viel Glück zu Beginn seines Lebens."

„Wenn sie überfordert ist, wird es kein Glück sein", sagte Borlase. Sein schönes Gesicht errötete vor Freude und er lachte unbeschwert. Er hatte sich zu früh über die Offenheit geärgert, die zu einer solchen Stimmung führte. „Sind Sie genauso zufrieden wie ich, Miss Hugo?" fragte er und blickte auf sie herab.

„Auf das drohende Unwohlsein des Babys? Sind Sie den Babys gegenüber immer so wohlwollend eingestellt, Herr Borlase?'

'In der Tat nicht. Wenn ich jemals gebeten wurde, Pate in dieser Gemeinde zu werden, dann war ich es Ich habe Dutzende Male gefragt und immer abgelehnt.'

„Dann sind Sie ein äußerst inkonsequenter Mensch. Welche Entschuldigung können Sie für den Verstoß gegen Ihre Regel anführen?

„Das muss irgendwo eine Grenze ziehen."

„Sie sind also für alle Angebote offen?"

„Im Gegenteil, dies ist die einzige, die ich akzeptieren werde." Die Regel tritt sofort wieder in Kraft. Kein anderes Baby hätte mich dazu gebracht, es zu brechen.'

„Aber Sie werden nicht das Glück haben, Mrs. Marlowe zur Seite zu stehen. Mrs. Hennifer ist ihre Stellvertreterin.'

„Ich werde jedoch eine andere Glückseligkeit haben."

'Und was ist das?'

„Das Glück, dir zur Seite zu stehen."

Während er sprach und sie direkt ansah, überraschte ihn die Veränderung in ihrem Gesicht. Sein schüchternes Funkeln verblasste plötzlich und ihre Augen weiteten sich vor Erstaunen. Offensichtlich hatte sie nicht gehört, was er sagte. Sie war einen Gegenstand auf der belebten Straße betrachten. Unwillkürlich legte sie ihre Hand auf seinen Arm, als könnte sie nicht ruhig stehen. Er zog sie zur Seite, um sich an eine Tür zu lehnen, aber mit einer ärgerlichen Geste befreite sie sich und machte sich auf den Weg den Bürgersteig hinunter. Er blieb in ihrer Nähe, aber es war nicht nötig zu fragen, was sie beunruhigt hatte. Elias Constantine war auf einem Karrenpferd eine Gestalt, die über den Köpfen der Fußgänger leicht zu erkennen war, und als er ihrem Blick zum ersten Mal folgte, sah ihn auch Borlase. Aber er hatte sie noch nicht gesehen und blickte gespannt von einer Seite zur anderen. Er war rot vor Hitze und sah verängstigt und wütend aus. Das Pferd war offenbar von einem Karren losgebunden und sofort bestiegen worden. Sein schaumiges Maul und die strömenden Flanken ließen auf einen Galopp schließen.

„Lass ihn uns sehen", sagte Anna.

Er erregte Aufmerksamkeit und verschiedene Stimmen riefen die Adressen der verschiedene Ärzte, von denen es für ihn selbstverständlich war, dass er einen haben wollte. Borlase ergriff Annas Sonnenschirm und schwang ihn über seinen Kopf. Elias bemerkte die Bewegung. Ein Ausdruck gemischter Erleichterung und noch dringenderer Besorgnis beherrschte sein Gesicht, als sein Blick auf Anna fiel. Er grub seine spornlosen Fersen in die Flanken des Pferdes, schickte es mit einem Sprung vorwärts, der ihm den Weg frei machte, und im nächsten Moment wurde es von ihm hochgezogen.

„Sie ist weg", sagte er heiser.

'WHO?' sagte Anna. Ihre Stimme war kaum zu hören.

„Clo, meine Frau, dieses Glied des Teufels."

„Oh, still!" sagte Anna.

Sie legte die Hand auf die Augen, als wollte sie ihre Gedanken für die Bewältigung eines Notfalls sammeln. Aber Borlase sah ihren verzweifelten Blick. Er hatte es schon einmal gesehen. Er wusste, was in Old Lafer passiert sein musste – nur ein einziges Unglück konnte Anna Hugo so aussehen lassen, wie sie jetzt aussah. Doch als sie nahm Sie nahm die Hände von den Augen und schaffte es zu lächeln. Es schmerzte sein Herz. Er hatte das Lächeln auf dem Gesicht einer Frau erlebt, das die tiefste Wunde verbirgt und den eigenen Kummer vergräbt, in der Hoffnung, den einer anderen zu lindern.

„Komm hier entlang“, sagte er, legte ihre Hand auf seinen Arm und bog in eine Seitenstraße ein; „Jeder wird uns hier beobachten und irgendein bösartiger Narr wird sich freiwillig melden, um Mr. Severn zu finden.“ Zufälligerweise weiß ich, wo er ist und dass er davon zumindest vorerst nichts hören kann.‘

„Wirklich?“ Sie sagte. Ihre Stimme zitterte, aber sie blickte mit unaussprechlicher Dankbarkeit zu ihm auf.

„Er ist wegen dieser Taufe zum Kanoniker, zu Tremenheere gegangen.“ Nun, Constantine, bring die Stute ruhig in diese Ecke und erzähle Fräulein Hugo sofort, was sie wissen muss. „Ich habe einen Patienten in der Nähe, der sich einen Moment Zeit nehmen wird.“

Er ergriff ihre Hand, drückte sie und drehte sich um weg. Sie war sich einer Kraft des Mitgefühls kaum bewusst, die ihn fast außer Gefecht setzte. Ihre Aufmerksamkeit war auf Elias gerichtet.

Er beugte sich über sie und umklammerte die Mähne des Pferdes, um sich zu stabilisieren. Sein Gesicht zeigte eher ein Gefühl von Wut als von Trauer. Er würde es sich nicht erlauben, unglücklich zu sein; er wurde gefeuert, nicht betäubt. Er hätte Anna beschimpfen können, weil sie ihren Geist ausgelöscht hatte, sie, die Gute, die Wahre, überwältigt zu sein von dem, was so ein Luder wie Mrs. Severn tun konnte.

„Sie ist so sauber wie ein Wiesel durch einen Spalt in der Wand gerutscht, den niemand sonst sehen wird“, sagte er. „Dinah hat die Molkerei durchkämmt, wie sie es immer tut, wenn die Butter der Woche auf den Markt kommt, und ich schlittelte Torf vom Rand, und Peggy kümmerte sich um die Bären auf den Wiesen am Bachufer. Mrs. Hennifer war es jedoch gewesen; Sie kam mit klirrenden Fahnen in Madams Kutsche, und die Kutsche fuhr leer zurück, und Mrs. Hennifer ging nach Hause nach Hall am Wald, und das tat sie auch. Und eine Stunde später war keine Menschenseele im Haus außer Clo und ihrem Baby und Dinah, die in ihren Trachten, ihrem Eimer und ihren Schlagschuhen aufeinanderprallte. Als ich den Rand erreichte, sah ich, wie eine Gestalt zur Türschwelle flitzte, aber ich dachte nicht daran. Sie muss es gewesen sein, und sie war in die Kieme geschlüpft und hat dort gewartet, während ich das Wasser überquert habe. Dann machte sie sich auf den Weg zum Schatten der Tannen, und als ich die Fahnen erreicht hatte und anhielt, um ein wenig zu wischen, blickte ich zufällig hinüber, und da war mein Leddy, der darauf stolperte und für alle Welt tanzte, als wäre sie 'd Flügel bis zu ihren Fersen. Damals erkannte ich sie, ihre Gestalt und ihr dunkles Kleid und den Weg, den sie nahm, genau nach Westen zu Kendrews letztem Cottage-Turm in T'Mires. Es war ein alter Trick, aber ich konnte meinen Augen nicht trauen, es ist schon so lange her, seit sie es versucht hat. Ich schrie nach Dinah, und sie kam und ich schwor: Ja, Gott, der Allmächtige, das habe ich getan, und Dinah tadelte mich nicht. Ich lag, sie wünschte, sie wäre eine gewesen Mann, der auch flucht! Sie ist ihr nachgegangen, und ich habe die Stute losgelassen und bin zu dir gekommen. Und keiner von uns dachte, wir würden das Baby in Ruhe lassen. Sie hatte auch nicht darüber nachgedacht, ihr zwei Monate altes Baby. Schande über sie!'

Seine Stimme zitterte. Er hob seine Hand, hielt sie einen Moment fest und ließ sie schwer auf sein Knie fallen.

Anna hatte regungslos dagestanden, ihr Gesicht war völlig ausdruckslos. Jetzt überkam ihn ein Anfall wiederkehrender Emotionen. Tränen schossen ihr in die Augen; sie wurde bis zu den Lippen blass.

„Wehe der, von der die Beleidigung kommt", sagte Elias.

Sie hob den Kopf und sah ihn vorwurfsvoll an. Sein Herz vergaß ihn.

„Es macht mir alle Ehre, wie sehr du dich um sie kümmern kannst", sagte er abwertend. „Du weißt, dass es dort immer schlimmer wird, und der Allmächtige allein kann sagen, wo sie aufhören wird." Wenn sie wieder trinken darf, muss der Meister wissen, es wird ihn erreichen. Scilla Kendrew macht ihr Angst, und Hartas wird sie verbreiten. Als Scilla es Dinah vorher erzählte, sagte sie, dass sie es dir das nächste Mal erzählen würde. Nein, nein, wenn sie es schafft, so durchzustarten und ihrem Baby das Löffeln von Fleisch zu überlassen, ist sie hoffnungslos; Sie ist um ein Vielfaches schlechter als beim letzten Mal, als es kein Baby gab, an das man denken konnte. Sie ist vom Teufel besessen –" Er hielt einen Moment inne und zwang sich dazu, einen Kloß in seinem Hals zu verdrängen, dessen Anwesenheit er verachtete.

„Du und der Meister sind gleich", sagte er. „Es heißt: „Bis siebzig mal sieben." Aber ich weiß nicht, ob es mit dem Meister geschehen würde, wenn er alles wüsste, was wir tun. Jetzt mach dir keine Sorgen, mein Schatz. Wenn jemand sie dazu bewegen kann, zurückzukommen, bevor sie etwas zu trinken bekommt und ihm das Herz gebrochen wird, dann bist du es selbst."

Er sprach mit ihr, aber er sah Borlase an, der zurückgekehrt war und neben ihr stand. Borlase hatte seine Pläne bereits festgelegt. Sie war fassungslos, aber er wusste, dass sie tun würde, was er ihr sagte.


„Constantine", sagte er, „führe die Stute ruhig auf der Mires-Straße hinaus, und Miss Hugo wird mit dir Schritt halten." Ich werde ihr sofort folgen und sie zu den Mires fahren. Mr. Severn wird mit Sicherheit bei den Canons zu Mittag essen und wird nichts hören.'

Dann wandte er sich an Anna.

„Wenn Sie außerhalb der Stadt sind, suchen Sie sich einen Platz und ruhen Sie sich aus, bis ich komme", sagte er.

Er fuhr sofort los und verschwand in einer Gasse, durch die es eine Abkürzung zu seinem Haus gab. Der Ausdruck in Annas Augen machte ihn krank. Auch er war erstaunt. Es war so lange her, seit Mrs. Severn das letzte Mal in den Mires gewesen war, mehr als drei Jahre, da war er sich sicher, dass er davon überzeugt war, dass die Lust sie verlassen hatte. Ihre Nachsichtigkeit dort konnte jetzt nicht ihre Entschuldigung sein, denn sie gönnte sich jetzt zu Hause. Er hatte die Tatsache selbst herausgefunden und Dinah Constantine gewarnt, die er für vollkommen treu hielt. Es war sicher, dass sie es Anna erzählt hatte, denn er hatte es belauscht Elias' Worte. Dass er das tat, war sicherlich keinem von beiden in den Sinn gekommen. Wenn es jedoch notwendig wäre, Autorität auszuüben, würde er Anna sein Wissen anvertrauen, um es als Druckmittel gegenüber Mrs. Severn zu nutzen. Wenn nicht, sollte Anna sein Wissen nicht erraten, bis er sicher sein konnte, dass es sie entlasten würde, zu wissen, dass er es wusste. Als er die Gasse entlang rannte, verfolgt von der hetzerischen Scham in ihren Augen, vermischten sich seine Gefühle seltsamerweise aus brennendem Mitgefühl für sie und beruflichem Interesse an dem Fall. Was brachte Mrs. Severn dazu, so zu handeln? Basierte das Problem auf der physischen oder moralischen Ebene? War es seine Pflicht, es ihrem Mann zu sagen?

# KAPITEL V

## ÜBER DEN BERGEN

Elias ging jedoch nicht voran. Zuerst erklärte Anna, sie würde alleine gehen, aber er wollte nichts davon hören – er würde mit ihr warten. Sie waren sich einig, dass dies an der Brücke über den Woss sein sollte, zu der sie, um weniger Aufsehen zu erregen, auf verschiedenen Wegen gelangen würden.

Sie war zuerst da. Ein Hügel mit einer abrupten Kurve führte dorthin hinab. Auf beiden Seiten lag ein Streuner auf Weideland, auf das die armen Leute der Stadt gemeinsame Rechte hatten. Es war durch steile, bewaldete Ufer geschützt, die den Flusslauf immer noch zu einem Tal machten. Der Fluss war dicht mit Bäumen bewachsen. Dickichte aus Wildrosen und Adlerfarn, überwuchert mit Brombeersträuchern, überragten die Vertiefungen des Bodens; goldene Spitzen aus Kreuzkraut glänzten in der Sonne; In den schwülen Schattenflecken waren die glatten roten Rücken der Rinder zu erkennen. Die Luft war atemlos heiß. Anna war schnell gegangen, und jetzt, als sie sich an die Brüstung lehnte, wurde ihr schlecht und schwindelig.

Sie war in die Mitte der Brücke gegangen, bevor sie angehalten hatte. Es handelte sich um ein altmodisches Bauwerk, und der Schlussstein des Bogens wurde durch eine Spitze im Mauerwerk betont. Entlang einer Seite verlief ein schmaler Bergrücken als Fußweg. Ursprünglich war daran ein Saumpfad angeschlossen. Als Maultiere im Gänsemarsch aus der Mode kamen, wurde sie für Wagen erweitert. Als die Marlowes Old Lafer für das neue Hall räumten, zu dem dies die Hauptstraße war, wurde die Straße mit großem Aufwand eingeebnet und asphaltiert, aber die alte Brücke wurde nicht verändert. Es hieß Madam Marlowe von An diesem Tag ließ sie ihre Mieter gerne in ihren Karren und Shandrydans warten, während ihre Kutsche darüber hinwegschwenkte. Zunächst galt das als Selbstverständlichkeit, und die Pächter zogen ihre Stirnlocken, als das unhandliche Fahrzeug mit seinen vier schwarzen Pferden und den braun gekleideten Außenreitern an ihnen vorbei schwankte. Aber nach und nach wurden sie gleichgültig, dann trotzig, und schließlich wurde bekannt, dass einige fluchten, als sie den flüchtigen Blick auf Buff und das Rasseln der Bremse erhaschten, die sie zwang, anzuhalten und an der Seite zu stehen. Mehr als einmal war der jetzige Eigentümer, der freundliche und beliebte alte Admiral, von der Stadt und dem Kreis um den Bau eines neuen Gebäudes gebeten worden. Ihm wurde dargelegt, dass die Brücke schon Jahre früher gebaut worden wäre, wenn es sich um eine Borough-Brücke gehandelt hätte, die in die Zuständigkeit des Surveyor of Highways fiele und von den Gebührenzahlern abhängig wäre. Er wusste das und war froh darüber, dass es nicht so war. Als großzügiger und offenherziger Mann hatte er dennoch gewisse Launen keine sterbliche Macht könnte kämpfen; Tatsächlich wurde unter dem Druck der sterblichen Macht eine Laune zur Lösung. Dies geschah in diesem Fall. Er begünstigte die Antragsteller mit seinen Gründen für die Ablehnung: Es gab nicht viel Verkehr außer an den Markttagen in Wonston; Jenseits der Halle verlief die Straße nur zu den Mooren und den Mires, einem unheiligen Dörfchen, das er nach und nach in Trümmer fallen lassen sollte; Die alte Brücke war in Sockel und Rand stabil – als er auf dem Rücken darüber getragen worden war, konnte Cynthia tun und lassen, was sie wollte, aber zu diesem Zeitpunkt war die Elektrizität wahrscheinlich schon an Nachtreisen in Kutschen angepasst und ihre Gesellschaft zum Abendessen würde beleuchtet sein Der Weg jenseits der Möglichkeit eines Missgeschicks.

Eines Tages fragte er Cynthia, was sie tun würde.

„Ich werde ein neues bauen, Großvater", sagte sie.

'Du wirst? Warum?'

„Damit ich keine Angst vor einem Unfall habe." Einem armen Geschöpf eine dunkle Nacht schenken, solange ich mich hier wohl fühle.'

„Das arme Geschöpf wäre irgendein Schlingel aus den Mires, wahrscheinlich der alte Kendrew, der betrunken nach Hause kommt, Cynthy."

„Vielleicht der Arzt, der zu dir kommt, oder Großmama."

„Oder du, mein blühendes Mädchen."

'Oder ich. Warum nicht?'

„Was Gott bewahre!" rief der Admiral. „Aber auf jeden Fall würden wir ihn mit gut geschnittenen Lampen holen lassen."

„Die törichten Jungfrauen haben ihre Lampen zu spät geputzt", sagte Cynthia.

„Nun, sehen Sie, das ist nicht der Fall", sagte der Admiral mit herausfordernder Laune.

„Oh Opa, hat sich noch nie ein Marlowe an seinem eigenen Esstisch betrunken?"

„Cynthia!"

„Nun, meine Herren", sagte sie beschämt, aber bestimmt.

„Nie hier", sagte der Admiral hastig. „Vielleicht in Old Lafer zur Zeit der Georges, nie hier!" Du gehst zu weit, Cynthy; Du machst mir Unbehagen. Was wissen Sie über solche Dinge? Ich muss Frau Hennifer anweisen, eine solche Freiheit des Denkens nicht zuzulassen. Mein Gott, du wirst als nächstes Chartist werden. So, so, ich werde Ihnen nicht sagen, was das ist."

Sie sah wehmütig aus, aber er lachte, klopfte ihr unters Kinn und ging weg.

Ein paar Tage später fuhr sie mit Mrs. Marlowe über die Brücke. Gerade als die Kutsche auf der Wonston-Seite abbog, schaute sie zurück und ihr Blick fiel auf einen ungewohnten weißen Schimmer im Laubwerk, aus dem sie aufgetaucht waren. Es war eine Tafel an einem Pfosten. Sie konnte den darauf geschriebenen Hinweis nicht erkennen, musste aber wissen, was es war. Sie zog an der Kontrollschnur , sprang mit einer zusammenhangslosen Erklärung gegenüber Mrs. Marlowe heraus und rannte zurück.

Dies waren die Worte, die sie las:


„Alle Trunkenbolde, Gotteslästerer und sonst unheiligen Menschen, die den Frieden, den Wohlstand und den Wohlstand in ihren Häusern zerstören, sollen sich vor dieser Brücke hüten." Für solche könnte es sich als ein vom allmächtigen Gott in die Hände des Teufels gelegtes Instrument erweisen, um sie in der Dunkelheit der Nacht oder in der Gewalt des Sturms zu vernichten.

„ SIMON MARLOWE ,

„Lord of the Manor, 18-."

Sie schauderte nicht. Sie erkannte sofort, dass eine solche Warnung wirksam sein könnte, während eine neue Brücke das Laster fördern würde, indem sie für Sicherheit sorgte. Damals war sie ein Mädchen in ihren frühen Teenagerjahren, und jetzt war sie eine Frau. Jedes Jahr wurde die klare Beschriftung der Wörter erneuert. Aber es hatte kein Urteil Gottes über die betrunkenen Männer gegeben, die durch seine Vorsehung an ihren Sätteln festhielten oder zu Fuß hin und her schwankten, als sie in stockfinsteren Nächten nach Hause gingen, wenn das Geräusch der Hufe eines Pferdes nicht zu hören war hörte man oben das Rauschen der Flut, die unten rauschte.

Als Borlase heute um die Ecke bog, fiel sein Blick auf die Tafel. Er fuhr langsam, wie es zu diesem Zeitpunkt notwendig war. Einen Moment zuvor hatte er den Klang von Stimmen über dem Rauschen des spärlichen Sommerbachs wahrgenommen. Er wusste, dass es die von Konstantin und Anna sein würden. Und jetzt, als seine Gedanken sich ernsthaft auf die Worte „Zerstörer des Friedens" konzentrierten, die für sie der Kern der Warnung in dieser Stunde waren, kam er in Sicht auf Anna.

Sie saß auf dem Fußweg. Sie hatte den Hut abgenommen, den Kopf gegen das Mauerwerk geworfen und die Hände um die Knie geschlungen. Über ihr spielten die Sonnenflecken, die durch das Laub über ihr fielen. Ihr Gesicht war Elias zugewandt, der seitlich auf dem Rücken der Stute saß und auf sie herabblickte. Ihre Haltung war lustlos, ihr Gesicht blass und ernst. Gerade als Borlase sie sah, hob sie die Hand, um Stille zu erzwingen und neigte ihren Kopf, um zuzuhören. Einen weiteren Moment später wurde er im Schatten der Bäume erkennbar. Ein Anflug von Erleichterung, der fast an Freude grenzte, huschte über ihr Gesicht und sie sprang auf.

Es wurde kein Wort gesprochen. Alle waren zu sehr auf den Plan konzentriert, den sie verwirklichen mussten; Der Schlag ihrer Herzen schwankte zwischen Hoffnung und Angst, Besorgnis und Glauben. Es war zu sicher, dass es keinen Moment zu verlieren gab, wenn Mrs. Severn vor ihrem Mann nach Hause zurückkehren sollte. Borlase half Anna auf den Sitz neben ihm und sprang dann auf sein Pferd. Elias lief voraus, um das Tor zu öffnen, das das Vieh vor dem Verirren schützte, und Anna nickte, als sie an ihm vorbeikamen. Im nächsten Moment verschwanden sie um eine Ecke, wo eine der Parkhütten stand, und er ging zurück zur Brücke, wo ein Weg das Tal hinauf nach East Lafer und von dort über die Hauptstraße nach Old Lafer führte. Selbst damit würde es eine Stunde dauern, die Mires zu erreichen Borlases gutes Pferd. Hinter dem Park war die Straße holprig und hügelig. Zuerst war es von Bäumen überwuchert, dann wichen die Hecken unvermörtelten Mauern. Der letzte Baum, eine kräftige, verkrüppelte Eiche, blieb zurück. Sie gingen durch ein Tor und gelangten über eine kurvenreiche Weide, auf der Wollgras schimmerte, durch eine weitere mit hier und da Büscheln von Heidekraut und hatten dann das Moor erreicht.

Der Leng war in vollem Gange. Es breitete sich kilometerweit um sie herum aus, sein Purpur schmolz zu amethystfarbenen Weiten, die unter dem Hitzedunst bis zum Himmel verschwanden. Hier und da gab es Flecken leuchtend grüner Heidelbeeren, silbrigen Spagnums oder aschgrauer verbrannter Fasern. In den Mulden befand sich der dichte Olivensamt der Binse. Flechtenbedeckte Felsbrocken warfen immer länger werdende Schattenstreifen. Tiefe Kiemen mit Bächen, deren Wasser sich nun in stillen Teichen sammelte und dann um Felsen herum schäumte, zerschnitten die Hügel in alle Richtungen. Über alle Wolken segelten Schatten, die den Sonnenschein noch einmal verdunkelten schoß leise hinter ihnen hervor und tauchte die stille Erde in duftende Hitze.

Und jetzt wehte eine frische, sanfte Brise. Es schien, als ob es aus Höhen über Meupher Fell oder Great Whernside wehte, wie ein Balsam vom Himmel. Als Borlase nach dem Schließen des Tors den Hundekarren bestieg, nahm Anna ihren Hut ab und der Wind wehte ihr übers Gesicht und durch ihr Haar und gab ihr ein köstliches Gefühl neuen Mutes und neuer

Energie. Bisher hatten sie kaum gesprochen. Jetzt spürte sie plötzlich eine Erleichterung in ihrem Herzen, ein Abklingen des Fiebers der Ratlosigkeit und des Kummers. Ihr Gesicht klärte sich. Borlase bemerkte die Veränderung, als er wieder die Zügel in die Hand nahm.

„Lass uns reden", sagte er lächelnd.

„Ich fürchte, es wird ein abgedroschenes Thema sein."

'Frau. Severn? Wie wir wissen, gibt es vielleicht ein Besseres, aber „das nächste Ding" ist das, mit dem man konfrontiert werden muss.

Sie blickte geradeaus. Es war so vollkommen natürlich, dass Clothilde so sein sollte Nachdem sie mit Borlase gesprochen hatte, nicht nur als alter Freund, sondern auch in seiner vertraulichen beruflichen Art, war sie sich kaum der enormen Erleichterung bewusst, die es mit sich brachte, über sie sprechen zu können. Aber ihr Kummer war viel zu ergreifend, als dass sie es gewagt hätte, ihm in die Augen zu sehen, obwohl sie sich einbildete, dass er nur die Hälfte wusste.

„Erinnerst du dich, dass das schon mal passiert ist?" Sie sagte.

Er nickte und schnippte vorsichtig eine Fliege aus dem Ohr seines Pferdes.

„Du hast Old Lafer noch am selben Tag angerufen, gerade nachdem Dad gegangen war, um zu sehen, ob sie sich überreden ließe, sofort zurückzukommen."

'Ja, habe ich.'

Würde er diesen Anruf jemals vergessen?

Es war an einem trostlosen Tag zu Beginn des Frühlings. Kein Sonnenstrahl erhellte das alte Haus, als er den Hügel hinaufritt. Ein Nordostwind wehte von den Mooren, deren Mulden noch schneebedeckt waren. Das Brüllen des anschwellenden Baches, der die Kieme hinunter donnerte, erfüllte die Luft; Die Lärchen wanden sich von den Gebäuden ab, die sie schützten, und knarrten bei jedem neuen Windstoß. Er hatte ohne Antwort an die Vordertür geklopft und war dann mit dem gleichen Ergebnis zur Hintertür gegangen. Nicht einmal das Bellen eines Hundes störte die totenähnliche Stille. Er kehrte zu den Fahnen zurück und suchte die Felder ab. In der Ecke der ersten Weide befand sich ein provisorischer Stall für die Mutterschafe. Während er hinsah, kam Dinah Constantine mit zwei Lämmern heraus. Ihre scharfen Augen bemerkten ihn sofort. Sie rannte zurück, setzte die Lämmer ab und kam mit Höchstgeschwindigkeit das Feld hinauf. Als sie ihn erreichte, ergriff sie seinen Arm mit dem Griff eines Schraubstocks, schüttete ihm ihre düstere Geschichte in seine erstaunten Ohren und öffnete schließlich die Salontür und zeigte ihm Anna.

Sie saß mit ausgestreckten Armen am Tisch, in denen ihr Gesicht vergraben war. Es war ihr erster Kummer. Sie war erschöpft von einer Trauer, die leidenschaftlich gewesen war und jetzt widerwärtig wurde. Es schien ihr ernst und Selbstverständlichkeit war, dass dem alten Lafer das Glück für immer entflogen war. Er setzte sich und überlegte mit ihr, nachdem er die Tür vor Dinah verschlossen hatte. Er ging nicht in ihre Nähe, da er instinktiv wusste, dass es unerträglich wäre, jemanden in ihrer Nähe zu spüren, und dass es, wie es schien, sowohl Kummer als auch Mitgefühl einschränkte. Eine Weile stand er schweigend am Fenster, dann setzte er sich abseits hin, aber wo sie ihn sehen konnte, als sie aufsah, was er hoffte, dass sie es bald tun würde, machte er sich daran, sie durch den Kampf zu gewinnen und ihr wieder das Licht zu zeigen.

Und als er sie wieder zur Geduld zurückgewinnte, gewann er selbst die Liebe. Ihre bitteren Tränen, doch die krampfhaften Versuche, zu lächeln, die ihre Hoffnungslosigkeit mit Hoffnung durchdrangen und zeigten, dass sie fähig war, sich auf eine Prüfung vorzubereiten; ihre glühende Liebe zu Clothilde; ihre heftige Scham und der Schmerz der Reue für Mr. Severn; Ihr Refrain an jeder Stelle verdeutlichte, was Clothilde dazu besessen hatte Ihre „böse" Art, ihr Zuhause zu verlassen, und ihre schlichte Verwirrung darüber, dass Gott es „erlaubt" hatte, die sich mehr in ihrem Gesicht und in ihren Gesten als in Worten ausdrückte, hinterließen bei ihm einen unvergesslichen Eindruck. Dieses Schulmädchen, das er ganz selbstverständlich entweder übersehen oder bevormundet hatte und das sicherlich so schlicht war, dass es das hässliche Entlein der Familie war, thronte fortan in seinem Herzen. Seine Gedanken drehten sich um sie. Seine Schritte führten ihn bei jeder Gelegenheit an ihre Seite. Andere Frauen wirkten, obwohl sie schön waren, blass auf ihn. Unmerklich schlich sich eine zärtliche Ehrfurcht in seine Seele, die ihn nach und nach dazu brachte, sich von der Intensität seines Verlangens, in ihrer Nähe zu sein, fernzuhalten. Er entdeckte in sich eine neue Natur, die zu ritterlicher Selbstbeherrschung und subtiler, zarter Anbetung fähig war. Anna Hugo war ihm lieber als das Leben selbst, außer ihr zuliebe. Sie war ein Mädchen, das mit der Zeit zu einer edlen Frau heranreifen würde, und die strengen Realitäten des Lebens stärken und versüßen zugleich; die einzige Frau, die er – wenn er seinen Herzenswunsch erfüllen wollte – für seine Frau gewinnen musste.

Und hier war sie heute, an seiner Seite, aber immer noch nicht gewonnen. Allerdings wusste sie jetzt, dass sie umworben war. Er würde bald mehr wissen. Mrs. Severn sollte kein drittes Mal zwischen ihnen stehen, weder direkt noch indirekt.

„Als sie das erste Mal weglief, war ich in der Schule", sagte Anna. „Papa hat nie darüber gesprochen, aber Dinah hat mir erzählt, wie schrecklich es war." Er geriet außer sich, als Stunden vergingen und es keine Nachricht oder Spur von ihr gab. Es hatte einen heftigen Sturm gegeben, und das Wasser war draußen, und er war sich sicher, dass sie in der Kieme gewesen war, hineingerutscht war und ertrunken war. Und dann kam die alte Hartas Kendrew aus den Mires und erzählte ihnen, sie sei dorthin gegangen, um Scilla zu besuchen. Natürlich dachten sie, es sei ein Anruf; und Scilla machte Tee und erwartete dann, dass sie gehen würde. Aber die Es kam ein Sturm, und so wartete sie, und als der Wind nachließ, machte Scilla den Vorschlag, sich auf den Weg nach Hause zu machen. Dann sah sie sie an und sagte: „Prissy, ich bin gekommen, um bei dir zu bleiben, mein Mann lässt mich nicht nach Paris gehen." Sie nennt Scilla immer Prissy, obwohl sie weiß, dass ihr das nicht gefällt. Scilla dachte, sie mache einen Scherz. Lust, ins Mires zu gehen, weil sie nicht nach Paris konnte! Aber sie würde bleiben, und so kam Hartas, um es uns zu sagen.'

„Und Mr. Severn hat sie zurückgebracht?"

'Ja. Er war sehr wütend und bestand darauf, und sie hatte Angst. Beim zweiten Mal versuchte er, sie zu überreden, aber sie ließ sich nicht überreden, also ließ er sie bleiben, und nach einem Monat kam sie zurück. Aber sie bat ihn nie um Verzeihung, und es war herzzerreißend, ihn so sanft zu sehen. Er gab sich selbst die Schuld und sagte, er hätte sie nie bitten sollen, ihn zu heiraten, sie sei zu jung und gutaussehend und wohlgeboren, und wenn er nicht zu egoistisch gewesen wäre, sie in Ruhe zu lassen, würde sie es tun Sie hätte einen Mann geheiratet, der ihr all den Reichtum und das Vergnügen hätte bescheren können, das sie zu Recht erwarten konnte. Beim letzten Mal versuchte er nicht einmal, sie zu überreden, obwohl er sie tatsächlich besuchte. Er sagte, sie müsse auf ihre Weise glücklich sein. Er hatte nur seine Liebe zu beschwören, und sie hatte ihm beigebracht, dass ihr das egal sei.'

Ihre Stimme war auf den tiefsten Ton gesunken. Sein Ton berührte die Saite in seinem Herzen, an deren Schwingung der Hingabe an sich selbst sie in dieser Stunde noch lange nicht denken konnte. Er hielt den Atem an und drehte abrupt den Kopf weg. Er hätte es nicht ertragen können, sie anzusehen. Einen Moment lang konnte er nicht sprechen.

„Constantine sagte, Mrs. Hennifer hätte angerufen", sagte er.

'Ja. Das tut sie oft, aber im Allgemeinen geht es jetzt darum, mich zu sehen. Irgendwie kümmern sie und Clothilde sich nicht umeinander, obwohl sie sich schon seit Jahren kennen. Clothilde war an der Schule ihrer Schwester in London, und während sie dort war, heiratete Frau Hennifer und ging nach Indien.'

„Es schien ein seltsamer Zufall zu sein, der sie hier wieder in die Nähe brachte."

„Das war Jahre später." Kapitän Hennifer ließ sie schlecht dastehen, und sie war froh, eine so entzückende Pfründe zu bekommen, wie sie sich um Cynthia kümmerte."

„Wo ist Miss Marlowe jetzt?"

„In Jersey bei den Kerrs." Sie werden dort alle zusammen überwintern.'

„Vielleicht wird Mrs. Kerr den Kanoniker bitten, sich ihnen nach und nach anzuschließen. Ich nehme an, sie ist seine Lieblingsschwester.'

„Ja, und vor allem, weil sie Cynthias Freundin ist. Aber sie wird es kaum wagen, ihn zu fragen, es sei denn, Cynthia wünscht es. Sein Zusammensein mit ihnen könnte nur eine Bedeutung haben, aber ich fürchte, Cynthia wird es nicht wünschen. Ich wünsche mir, das wünscht sich jeder, dass sie Canon Tremenheere heiraten würde.'


Über dem Hügel vor ihnen wehte gerade ein dünner Faden Torfgeruch in der Luft. Anna sah es und wandte den Kopf ab. Aber Borlase hatte den Farbrausch auf Gesicht und Hals gesehen. Er legte seine Hand auf ihre.

„Soll ich mit dir runterkommen?" er sagte.

Sie schüttelte den Kopf und warf ihm einen schnellen, halb verängstigten Blick zu. Er wusste, dass sie nicht wusste, wie sie Mrs. Severn finden würde.

„Nun, denken Sie daran, ich bin hier und werde tun, was Sie wollen."

„Ich komme und sage es dir."

„Wirklich?" sagte er und lächelte ihr in die Augen. Plötzlich fühlte sie sich von Stärke erfüllt und von einem Selbstvertrauen, das so voll und frei war, dass sie ihm alles hätte sagen können.

„Ja, das werde ich", sagte sie.

Was für ein Wunder, dass seine Hand sich mit einem Gefühl der Besessenheit über ihrer schloss? Noch Keiner von beiden wünschte sich im Augenblick, es gäbe Zeit für mehr – es ist süß, die Freude zu erwarten, die sehr nahe ist. Sie waren auf dem Bergrücken. In der Mulde darunter lagen die Mires.

# KAPITEL VI

## CYNTHIA MARLOWE

Cynthia Marlowe war kaum mehr als ein Baby nach Lafer Hall gekommen. Sie war das einzige Kind des einzigen Sohnes des Admirals. Der Tod seines Soldaten in einer afghanischen Schlucht tötete seine junge Frau, und dann wurde Cynthia zu ihren Großeltern geschickt.

Ihr Leben war einsam, aber sehr glücklich. Sie kannte keine anderen Kinder, aber der Admiral war immer zum Toben bereit. Es gab jede Menge Platz, um es zu haben, ohne dass Mrs. Marlowe Kopfschmerzen bekam. Als Großmutter den Kopf schüttelte und befürchtete, dass Cynthy ein schrecklicher Wildfang werden würde, Großvater erklärte, es sei ihr durch alle Umstände der Natur und der Anmut verwehrt, anders als eine Dame zu sein. Wie konnten Lennox, Cholmondeley und Marlowe zusammen eine Anomalie hervorrufen? Nein, nein; Wenn sie nicht tobte, ihre Muskeln dehnte und ihre Lungen nicht aufblähte, wäre sie mickrig, und ihm wäre es lieber, wenn sie ihren eigenen Namen nicht markieren könnte, als mickrig zu sein. Er warf nach Mustertüchern und freute sich, die Arbeitsstunde zu unterbrechen. Cynthia wurde von Mrs. Marlowe aufgefangen und musste sich auf einen kleinen Hocker zu ihren Füßen setzen, mit geröteten Wangen und ungeduldigen Fingern, die immer wieder an den Seidenstoffen zerrten, bis sie in zerrissenen Fäden verheddert waren, und lauschte mit angespannten Sinnen auf den Schritt des Admirals der Flur. Das galt auch für Mrs. Marlowe, und sie war um einiges nervöser als beide. Für den einen bedeutete es Erlösung, für den anderen die Niederlage.

'Was! Ho, Cynthy“, würde der Admiral sagen, „wieder gefangen, mein hübscher Vogel? Einen runden Rücken und eine schmale Brust für einen Fall-Lal bekommen? Komm, Oma, das geht nie; Du denkst nicht, meine Liebe. Das Kind wird immer eine Frau für seine Schönheit haben; Warum sollte sie ihr Augenlicht und ihre Figur aufs Spiel setzen? Dann würde er so tun, als würde es Cynthia furchtbar betrüben, das Durcheinander beiseite zu legen, und dass sie das Frühstückszimmer dem Park weitaus vorzog. „Es tut mir sehr leid, Cynthy, aber du musst an diesem schönen Tag gehen.“ Oma hat die Sonne nicht gesehen, sonst wäre dein Vorfach schon vor einer Stunde angegangen. Wo ist deine Arbeitsbox? Jetzt sanft; lege es ordentlich hinein; Sei immer aufgeräumt. Lassen Sie die Scharniere nicht platzen. Das ist ein gutes Mädchen!'

Und dann flog sie mit der immer wieder aufkommenden Frage los, ob Großvater wirklich keine Ahnung hatte, wie schön es war, dorthin zu reisen.

Die arme Frau Marlowe hat einen ebenso nutzlosen Kampf um Bücher geführt. Dies war ein Thema, das auch den Admiral sehr beschäftigt hatte, und seine Unentschlossenheit löste Ärger aus. Er war noch energischer.

„Nun, Juliana, es ist nicht gut, nicht gut Alles in allem, indem ich all Ihre alten Bände herausholte. *Mangnalls Fragen* umfassen vielleicht alles, was ein Mädchen zu Ihrer Zeit lernen musste, aber es ist veraltet. Das gilt auch für *Murray* . Warum, mein Himmel! Neulich Abend im Dekanat erzählte mir ein Blödmann, dass es in unserer englischen Grammatik keinen Artikel mehr gäbe und dass alle anderen Teile der Sprache eine Nebensache seien — mangels solcher hätte ich das tun sollen denken. Cynthy muss natürlich lesen, schreiben und rechnen lernen; Eines Tages wird sie Schecks und Zeugenurkunden unterschreiben müssen. Sie kann jedes Buch in meiner Bibliothek lesen; Da ist nichts Böses; Und was zum Beispiel die Anspielungen bei Shakespeare betrifft, so wird sie sich das Gute zu Herzen nehmen und das Schlechte nicht verstehen. Sie wird im Laufe der Zeit Informationen sammeln, und dann muss sie natürlich mit den Meistern abschließen. Aber *Mangnall* ist überhaupt nicht gut. Lass das Kind einfach in Ruhe. Ich werde ihr das Reiten und Springen und Fechten und Bowling beibringen, und wir werden ihr eins beibringen „Gute Frau, und das ist alles, was eine Frau sein muss.“

Aber er zog heftig an seinem Schnurrbart, und seine Hand zitterte so sehr, als er sein Brillenglas fixierte, als er nun das *Gentleman's Magazine zur Hand nahm* , dass Mrs. Marlowe sicher war, dass er Bedenken hatte. Es war jedoch eine Gnade, dass von ihr nicht erwartet wurde, dass sie das Gesetz vorgibt und Verantwortung übernimmt.

Aber das befreite sie nicht von ihrem Unglück über Cynthia. Sie hatte eine klare Vorstellung von einem *Medium* , das nicht nur Mathematik und Klassik umfassen sollte, sondern mehr als die drei Rs umfassen sollte. Es machte sie unglücklich, Cynthys Furchtlosigkeit auf ihrem Pony zu sehen; sie würde zu den Hunden reiten und sich das Genick brechen; Sie verstauchte sich beim Springen den Knöchel und blieb lebenslang verkrüppelt. Und als sie das Tanzen gelernt hatte, wer in aller Welt sollte sie auf Bällen begleiten? Der Admiral war zu eigensinnig; Sie würde schließlich ein Wildfang sein und sich jeder gesellschaftlichen Regel widersetzen und begleite dich selbst! Das Springseil war ganz gut; Sie sah ihr gerne zu, wie sie an einem nassen Tag die Korridore entlang hüpfte, und es war wirklich schön zu sehen, wie der Admiral ihr das Bowling beibrachte, aber wurde einem Mädchen jemals das Fechten beigebracht? Als nächstes würde er ihr die Taktiken der Seekriegsführung beibringen. Warum war er verrückt danach, dass sie eine gut aussehende Frau war? so war *sie noch nie gewesen*. Einfach so; und sie war zart. Nun ja, vielleicht hatte er recht. Aber sie seufzte und war sich sicher, dass er sich geirrt hatte.

Als Cynthia neun Jahre alt war, fand Mrs. Marlowe einen willensstarken Verbündeten. Frau Tremenheere, die Frau des Dekans von Wonston, hatte eigene Mädchen und sehr klare Vorstellungen von den *Medien* , in denen Gesundheit und Bildung Hand in Hand gehen. Sie hatte die Kühnheit, sich mit dem Admiral über dieses Thema zu einigen. Sie waren gleichermaßen eigensinnig, aber er musste sich ihr nicht nur als Dame beugen, sondern sie konnte auch ihre eigenen Töchter als Beweis für ihren gesunden Menschenverstand hervorbringen. Sie verspottete auch die Möglichkeit, dass die Gesundheit des Körpers mit geistiger Unwissenheit im England des 19. Jahrhunderts vereinbar sei, und bedauerte die Meister, die unvorbereitetes Gelände „beenden" sollten. Der Admiral, der sich schon seit langem heimlich in einem Dilemma befand, hörte zu und gab nach. Um ihrer selbst willen darf Cynthy kein Dummkopf sein. Frau Tremenheere machte sich auf die Suche nach einer Gouvernante und fand Frau Hennifer.

Danach hatten alle eine unruhige Zeit in Lafer Hall, bis Mrs. Hennifer eintraf. Der Admiral hatte nachgegeben, war sich aber überhaupt nicht sicher, ob Mrs. Tremenheere wusste, was für eine Gouvernante er wollte.

„Vielleicht hat sie uns etwas Jesuitisches besorgt, Juliana", sagte er. „Ich kenne Frau Tremenheere ziemlich gut, sie ist eine weltgewandte Frau und eine Intrigantin. Bisher hat sie sich gut um ihre Mädchen gekümmert, und sie wird sie gut heiraten. Und da ist Anthony, wissen Sie, ihr einziger Junge, und sie kann sich darauf verlassen, dass sie ein Meisterwerk für ihn haben will; Und Sie weiß, wie jeder weiß, dass Cynthy eine Erbin ist. Sehr schön, Anthony in Lafer Hall zu landen, oder? Was ich jetzt sage, ist, dass sie uns möglicherweise eine eigene Kreatur schickt.'

„Oh Simon, und Cynthy ist erst neun Jahre alt!"

„Na ja, das behaupte ich nicht, aber sie ist eine Intrigantin, davon kannst du ausgehen, Juliana. Sie würde dich um ihren kleinen Finger wickeln, und vielleicht hat sie mich auch verdreht, weiß Gott.'

Aber Mrs. Hennifer war kein „Geschöpf", und als der Admiral feststellte, dass sie Mrs. Tremenheere nie gesehen hatte, bis sie ihr in Mrs. Marlowes Salon vorgestellt wurde, wurden seine Bedenken beruhigt. Es war auch bald klar, dass Cynthias Glück verdoppelt wurde. Kräfte in ihr, die vergeudet waren, wurden nun in heilsame Arbeit gelenkt. Ihr Geist und ihr Unternehmungsgeist widmeten sich dem Ziel, so klug zu werden wie Theo und Julia Tremenheere. Sie tobte immer noch mit dem Admiral, und dann stürmte sie ins Klassenzimmer, setzte sich, warf ihr goldenes Haar zurück, stützte ihre Ellbogen auf den Tisch und meisterte ihre Schwierigkeiten in Grammatik und Arithmetik. Da sie sich ein Lachen nicht verkneifen konnte, wenn der Admiral verlassen am Fenster vorbeikam und ihr ein Zeichen gab, schnell zu sein, protestierte sie und sagte, wenn er es trotzdem tun würde, müsse sie ihren Platz wechseln. Ihren Sitzplatz zu wechseln, fügte sie hinzu, wäre eine große Mühe, denn es half ihr, in den Himmel zu schauen. Ihr leidenschaftlicher Ernst brachte ihn völlig in Verlegenheit, und er widerstand der Neigung, über ihre Eigenartigkeit zu lachen. Er verstand es nicht, aber Mrs. Hennifer verstand es und schenkte ihr ein Buch mit dem Titel „ *Look up, or Girls and Flowers* ". Mrs. Hennifer hatte ein wunderbares Gespür für die Auswahl hübscher Bücher, und manchmal, wenn sie sie gemeinsam vorlasen, stellte Cynthia fest, dass sie Tränen in ihre scharfen Augen trieben.

„Meine liebe Frau Henny", sagte sie einmal, „Weine nicht. Es ist nur eine Geschichte, und zwar nur ein sehr, sehr kleiner Teil der Geschichte."

Sie wusste nicht, und Mrs. Hennifer betete, dass sie es nie wissen würde, dass das „sehr, sehr kleine bisschen" oft das ist, um das sich das ganze Leben dreht und von da an seine Freuden und Sorgen, Hoffnungen und Ängste bestimmt. Dies wäre auch nicht traurig, wenn es damals realisierbar wäre. Aber erst später, durch zusätzliche Erfahrung und unerwartete Abläufe, wird der Vorfall zum Ereignis.

Eines Tages, als Cynthia kein Kind mehr war, gesellte sich der Admiral zufällig zu seiner Frau und Frau Hennifer auf die Terrasse. Jenseits der weiten Kiesflächen und der Steinbalustraden, in deren Vasen Geranien leuchteten, fiel der Boden abrupt in die fein bewaldeten Hügel des Parks ab. Eine Gruppe Rotwild lag im Schatten einer Kastanienreihe, die über einen Abhang fegte, an dessen Fuß der See glänzte. In der Ferne, über den dunklen Rändern des Waldes, war Wonston zu sehen. Seine roten Ziegel und gelben Giebel lagen in einem Rauchschleier, über dem sich die Münstertürme erhob. Admiral Marlowe war, soweit sie in alle Richtungen sehen konnten, der Herr des Herrenhauses.

Während sie auf und ab schlenderten, wanderten ihre Gespräche von kleinen Details gesellschaftlicher Freuden und Pflichten zu wichtigeren, die mit dem Anwesen zu tun hatten. Es wurde keine Anspielung auf den toten Sohn gemacht. Mrs. Marlowe hatte seinen Namen seit dem Tag, an dem sie von seinem Tod hörte, nicht mehr genannt. Aber der Admiral spürte, wie ihre Hand auf seinem Arm zitterte, als er darüber spekulierte, wie groß Cynthias Wissen über ihr Erbin-Schiff war. Er sah zärtlich auf sie herab. Sie war in ihrer Jugend eine Schönheit gewesen, und der Kummer hatte ihre Züge immer zarter gemacht und ihr einen Hauch klagender Melancholie verliehen.

„Lasst uns Cynthy die Wahrheit sagen und hören, was sie sagen wird", sagte er.

„Ja, auf jeden Fall", sagte Frau Marlowe.

„Meine gute Frau Hennifer, bringen Sie sie hierher? Sie ist auf dem Bowling-Green, zumindest war sie es. Der Himmel weiß, wohin sie zu diesem Zeitpunkt vielleicht entführt wurde: in den Himmel oder zu den Feen. Ich glaube, sie sind ihre nächsten Verwandten.'

Mrs. Hennifer machte sich auf die Suche und verschwand hinter einer Gruppe von Zedern, deren Schatten, die mittags auf die Fenster des Wohnzimmers geworfen wurden, es auch an den heißesten Tagen kühl hielten. Sie hörten sie „Cynthia!" rufen. als sie zwischen den Bäumen ein- und ausging oder den Rasen überquerte. Plötzlich antwortete der Tonfall eines Mannes: „Hier sind wir!" Dann ertönte das leichte Lachen eines Mädchens. Noch ein paar Augenblicke und Cynthia erschien allein auf der Terrasse.

Sie war sehr nett. Es wurde prophezeit, dass sie die Schönheit von Riding und der Grafschaft sein würde. Sie war diesen Frühling wegen der Meister in der Stadt gewesen, und ihr Porträt war von einem der größten Künstler der Zeit gemalt worden. Im Allgemeinen vergeistigte er seine Untertanen, aber Als er Cynthia Marlowe sah, wusste er, dass er Flügel hinzufügen musste, wenn er der Vergeistigung der Natur noch mehr hinzufügen wollte. Es ging von seinem Atelier zu Lafer. Der Admiral würde keiner „vulgären Herde" erlauben, es im Burlington House zu kritisieren. Sein Stolz auf sie war der ritterliche Stolz, der sich vor der Werbung für Frauen hütet und selbst den „edelsten Stand" der Schönheit als „Zufluchtsort" anerkennt. Das Porträt hing an einem Ende des langen Salons. Als sie darauf zuging, schien es, als würde Cynthia selbst aufstehen, um den Ankommenden zu begrüßen. Sie war bereits groß und so schlank und aufrecht, wie es das natürliche Gleichgewicht aus besonnener Freiheit, frischer Luft und reinen Einflüssen nur zuließen. Sie war weiß gekleidet und ihr goldenes Haar hing in Locken bis zur Taille. Ihre helle Haut zeigte leicht Rötungen. Ihre Brauen waren gerade, ihre Lippen fest und doch empfindlich. Ihre Augen waren von exquisiter Transparenz, groß und von warmer haselnussbrauner Farbe. Sie sah jeden mit einem offenen und offenen Blick an furchtloses Selbstvertrauen, das unwissentlich faszinierend war.

„Cynthy", sagte der Admiral und lächelte sie wie alle anderen an, „wir möchten Ihnen eine Frage stellen." Haben Sie sich jemals gefragt, zu wem Lafer gehen wird, wenn wir sterben?

„Ja", sagte sie; „Aber es hat mir nicht gefallen zu wissen, dass du sterben wirst."

„Wir müssen im Lauf der Natur." Die Natur hält jedoch manchmal ihren Kurs nicht ein, wie in unserem Fall, wo eine Generation zwischen uns und Ihnen aus irgendeinem weisen Grund des Allmächtigen vergangen ist. Die

Tatsache gibt Ihnen große Verantwortung. Meine Liebe, Lafer wird dir gehören.'

„Das habe ich manchmal gedacht", sagte sie.

Während sie sprach, legte sie eine Hand auf die Balustrade, mit der anderen beschattete sie ihre Augen und blickte Wonston an. Er folgte ihrem Blick.

„Sie werden bis dahin die Dame des Herrenhauses sein." das südlichste Haus in Wonston Earth und nach Great Whernside im Norden. Ist dir das klar, dass du ein schlankes Mädchen im Teenageralter bist?'

„Ich habe nicht versucht, es zu realisieren. Gerade als ich sicher war, dass ich das Dekanat sah, versicherte mir Anthony oft, dass er es neben dieser Vase tun könne. Ich werde kein „schlankes Mädchen im Teenageralter" sein, wenn ich Lady of the Manor bin, Opa. Lass uns nicht darüber nachdenken. Es wird nicht mehr lange dauern, und wir werden es vergessen, es sei denn, du willst mir etwas sagen, was ich tun muss.'

„Meine Liebe, wenn die Zeit gekommen ist, wirst du alles Gute tun, sogar die alte Brücke wieder aufbauen, nicht wahr? Aber eines müssen Sie unbedingt haben: einen guten Ehemann. Du darfst nicht allein auf der Welt gelassen werden.'

„Er muss sie holen, meine Liebe", sagte Mrs. Marlowe.

'Natürlich, natürlich. So, so, Cynthy, du musst dich nicht färben. Viel Zeit und keine Steine vor Ihnen, Sie haben die Wahl Hände usw. Jetzt küss uns und du kannst zu Anthony zurückkehren. Er wird bleiben und essen, und dann wirst du für uns singen.'

Sie tat wie ein Kind, was ihr gesagt wurde. Sie beobachteten sie außer Sichtweite. Dann ging der Admiral zu der Vase, in deren Nähe sie gestanden hatte, und starrte Wonston an, während er sein Brillenglas mit einer so ungewöhnlichen Nervosität fixierte, dass es vielen Anstrengungen widerstand, bevor es stabil blieb.

„Wir sollten auf jeden Fall das Dekanat aufsuchen", sagte er in einem Ton, der so unzufrieden war, dass er es mit Sicherheit nicht tat.

„Das sollten wir auf jeden Fall tun."

„Nun, wenn wir es nicht tun, ist es das Beste, wenn er sie davon überzeugt, dass wir es tun."

„Ich glaube, das hat er."

„Ich habe keinen Zweifel daran, dass er davon überzeugt ist, ihr Zimmer von seinem Zimmer aus zu sehen."

„Sag das nicht zu Cynthy.“

„Juliana! als ob ich so dumm wäre, etwas darüber zu sagen – genau das, was unsere Pläne durchkreuzen würde!‘


„Erinnerst du dich, Simon, wie sehr du einst Angst hattest, dass Mrs. Tremenheere einen Plan für uns machen könnte?“

Der Admiral blähte seine Wangen auf, um ein wenig Verlegenheit zu verbergen. Aber Mrs. Marlowe sah so harmlos aus, dass es sich nicht um Böswilligkeit handeln konnte.

„Das bin ich noch“, sagte er. „Eine Frau ist nicht in der Lage, Pläne zu schmieden, ganz darüber hinaus wird sie nur Chaos anrichten.“ Nun, sie ist eine weltoffene Frau, sie würde Cynthys Geld wollen, aber wir wollen Anthony, weil er ein guter Kerl ist und sie glücklich machen wird. Ihr Plan konnte nichts Gutes bringen, aber unser Plan ist bis ins Mark moralisch. Eine Welt voller Unterschiede, meine liebe Juliana, eine Welt voller Unterschiede.‘

Als Cynthia herauskam, stand sie unter der Aufsicht von Frau Tremenheere. Da sie sich outen musste, war es für sie am sichersten, dies mit Anthonys Mutter zu tun. Sie durchlief zwei Staffeln der konventionellen Routine, lehnte viele Heiratsangebote ab und jedes Mal kehrte glücklich zu Lafer und ihrer Freundschaft mit den Tremenheeres zurück. Der Admiral fürchtete keinen Augenblick um den Erfolg seines Plans.

Am Tag seiner Weihe zum Diakon bat Antonius sie, seine Frau zu werden. Sie versprach, dass sie es tun würde. Es schien die einzig natürliche Abfolge zu sein.

Dennoch schreckte sie davor zurück, seinen Ring anzunehmen. Er wollte ins Heilige Land gehen. Mussten sie sich bis zu seiner Rückkehr öffentlich verloben? Er lächelte und bestand darauf, und sie gab nach. Doch in ihrem Herzen keimte der erste Keim des Selbstvertrauens auf. Während seiner Abwesenheit wurde sie allmählich unruhig und unzufrieden. Jeder um sie herum bemerkte die Veränderung. Der halbblinde Admiral führte es auf den Mangel an Anthony zurück; Aber Cynthia erkannte mit jedem Tag deutlicher, dass dies aus der Angst vor seiner Rückkehr entstand, denn darauf musste ihre Hochzeit bald folgen. Sie sehnte sich nach der alten Zeit der Freundschaft und gestand es sich schließlich dass sie einen Fehler gemacht hatte, sie liebte ihn nicht. Als er zurückkam, war es zu großer Trauer, denn sie löste ihre Verlobung.

Die folgenden Monate waren unsäglich bitter. Zum ersten Mal in ihrem Leben wurde sie mit Unglück konfrontiert. Sie selbst war ihr egal, aber das

Wissen, dass sie diejenigen, die sie liebte, verletzt und enttäuscht hatte, kostete sie viele Tränen. Und Antonius betete sie an; er würde niemals heiraten, wenn nicht sie; er war ein edler Mann und sie vermisste ihn. Er hatte ihr klar gemacht, dass es um alles oder nichts gehen musste; Wenn nicht ihr Ehemann, könnte er nur auf Distanz ihr treuer Freund sein. Der altbekannte Verkehr war völlig abgeschafft. Ein elendes Jahr verging; er fragte sie noch einmal, aber sie lehnte ab; doch da sie niemanden sonst liebte, hoffte er immer noch. Sie fand eine andere Begleitperson und ging wie üblich in die Stadt, um die Schießereien des Admirals zu bewirten und zu unterhalten Gleiten Sie in einen trüben Winter. Aber es war nicht ganz so schlimm wie das vorherige. Frau Hennifer, die Freundin beider, überredete Anthony, wegzugehen. Er gab sein Pfarramt auf und reiste mit dem Auftrag nach Delhi, die Bibel in einige hinduistische Dialekte zu übersetzen; er war eher ein Gelehrter als ein Priester, und die Arbeit war sympathisch. In seiner Abwesenheit hörte der Admiral auf, Cynthia zu belästigen, und nach und nach gelang es Mrs. Hennifer, mehr noch als die gewinnende und entwaffnende Geduld, zu der seine Härte Cynthia selbst disziplinierte, die Lücke zu schließen und der Halle ihre alte Atmosphäre der Zuneigung wiederherzustellen.

Während Anthonys mehrjähriger Abwesenheit verstarb der Dekan und er übernahm das Erbe des damit verbundenen Eigentums. Aber er lebte nicht davon. Wenn er in England ist, muss er in der Nähe von Cynthia sein. Er bezog ein Haus in der Nähe des Münsters, nahm eine Ehrenkanonikerwürde an, um seiner Mutter zu gefallen, indem er eine Verbindung zum kirchlichen Ansehen des Ortes aufrechterhielt, und widmete ihm seine Zeit Studie. Seine Bibliothek befand sich im Obergeschoss, und Cynthia wusste, dass er sich bei einem der Holzfäller dafür eingesetzt hatte, dass er einen Baum gefällt und einige Äste abgehackt hatte, die ihm den Blick auf die Halle versperrten.

Eines Tages zeigte er es ihr und erklärte, wie geschickt es gemacht worden sei. Seine Art bewies ihr, dass die Zeit nichts von seiner Zuneigung ausgelöscht hatte, so gut Worte es hätten bewirken können. Es hatte ihn gelehrt, durchzuhalten und dennoch glücklich und nützlich zu sein. Er hatte nicht um mehr gebetet. Sie stand lange Zeit schweigend am Fenster. Er hatte sie noch nie so oft berührt. Er hatte einen so edlen und einfachen Mut an sich, dass das Pathos des Ganzen sie fast überwältigte. Schließlich drehte sie sich um und lächelte zitternd.

„Anthony", sagte sie, „ich hätte alles gegeben, was mir eines Tages zustehen wird, um deine Frau sein zu können."

In seinem Lächeln lag keine Unsicherheit. Es war schnell und hell.

„Das weiß ich, Cynthia. Nichts ist deine Schuld, es ist unser gemeinsames Unglück. Vielleicht finden Sie immer noch das perfekte Glück. Was mich betrifft, ich werde treu sein, so wie Sie es gewesen wären, wenn Sie sich darum gekümmert hätten. Das ist mein Glück, und dir so nahe sein zu können, das kann ich jetzt genießen – „so nah und doch so fern", fügte er nach einer kurzen Pause hinzu.

Sein Ton war wehmütiger, als er wusste. Cynthia fühlte sich kurz davor, einem plötzlichen starken Impuls nachzugeben, dem sie vertrauen musste. Sie streckte ihre Hand aus. Aber er schaute nicht hin. Er hatte geschaut und war entnervt. Er hatte sich für stärker gehalten. Mit einer hastigen Bewegung drehte er sich zum Tisch um, nahm eine Broschüre in die Hand und rollte die Ränder mit Fingern zusammen, die sich in diesem Moment vielleicht über der Broschüre von Cynthia Marlowe geschlossen hätten, die sie ihr ganzes Leben lang besaß. Ihr Mut versagte. Sie ging auf die andere Seite vom Tisch und begutachtete die Ansammlung von Büchern und Papieren; Die meisten davon waren, wie sie wusste, auf Hindostänee und Sanskrit. Der Anblick machte ihr keine Angst. Im Gegenteil, es gab ihr neuen Mut.

„Anthony, du kennst diesen Satz ..."

„Ich verstehe nicht, ich liebe"

Sie sagte; „Nun, in wie vielen Sprachen kann man diese Verben konjugieren?"

Aber er blickte nicht auf, und die Nervosität ließ ihre Stimme zu lebhaft werden. Er sah nie das Licht in ihren Augen, das letztendlich die Frage in seinen beantwortet hätte.

„In neun Sprachen und einem Dutzend Dialekten", sagte er leichthin.

Sie hatte es versäumt, ihre Bedeutung zu vermitteln. Ihre Lippen schlossen sich. Sie schloss die Augen und fühlte sich für einen Moment schwach und müde. Als sie sich von ihm verabschiedete, kam es ihm vor, als würde sie ihn seltsam ansehen. Aber er erriet die Wahrheit nicht und wusste nicht, dass er es nicht geschafft hatte, die Flut „bei der Flut" zu ertragen. In einem Nach ein paar Tagen fragte sie sich nicht mehr, was die Wahrheit sei.

Kurz darauf sprang Tremenheeres Schwester Theodosia Kerr, mit der sie regelmäßig korrespondierte, in die Bresche und schlug vor, mit ihr und ihrem Mann zu reisen, da sie in ihren Briefen Lustlosigkeit und in seinen Briefen eine ärgerliche Resignation wahrnahm. Kerr war empfindlich und wollte nach einer Yachtkreuzfahrt im Mittelmeer den Winter in Jersey verbringen. Der Plan gefiel Cynthia. Sie war noch nie gereist, entdeckte, dass sie den großen Wunsch hatte, dies zu tun, und machte sich schnell auf den Weg zu ihrer Yacht in Southampton Water. Mrs. Kerr hatte in ihrer überlegenen Weisheit als verheiratete Frau vor, ihr das zu geben, was sie ihrem Mann gegenüber als „eine gute Aufrüttelung" bezeichnete, und Tremenheere dann im Herbst in aller Stille nach Jersey zu schicken; Das Ergebnis sollte alles sein, was sich jeder wünschen konnte!

Drei Monate später erreichte Lafer die Nachricht Hall, was Mrs. Hennifer in Bestürzung versetzte und sie sofort zu Old Lafer schickte, um Mrs. Severn aufzusuchen. Die Folge war, dass Mrs. Severn wenige Stunden später wieder im Mires war.

# Kapitel VII

## AN DEN MIRES

Einen gottverlassener wirkenden Ort als die Mires kann man sich kaum vorstellen. Selbst an diesem herrlichen Tag Ende August sah es trostlos und bedrohlich aus. Die Ansammlung von Steinhäusern, von denen die Hälfte kein Dach hatte und deren weiß getünchte Innenwände durch die gezackten Lücken, in denen früher Fenster und Türen gewesen waren, sichtbar waren, erstreckten sich um ein Sumpfgebiet, dessen Wasserpfützen zwischen Binsenbüscheln und tückischem, schleimigem Moos wie Schuppen glitzerten. Die Mulde war becherförmig. An den Seiten war kein Ling, sie waren mit einer harten, trockenen Biegung bedeckt, durch die der Wind strich. An einer Stelle wurde dies durch einen Hügel aus schieferhaltigem Abfall verunstaltet, der die Stelle einer alten Kohlengrube markierte. Seine Flöze waren schon vor Jahren erschöpft, und die Bergleute stapften nun eine Meile zu einem Schacht am Rande des Fichtenwaldes, der Hall und Old Lafer trennte. An einem Ende quoll ein Bach aus dem Binsen hervor und wanderte mit verlorenem Blick über eine Lehmschicht davon. Das Zirpen einer Heuschrecke verstärkte die Stille. Die Hitze war überwältigend.

Als Anna Borlase verließ, fuhr er ein Stück zurück, außer Sichtweite der Hütten. Anna rannte halb, halb rutschte sie durch die Kurve. Hartas Kendrews Haus war das Cottage, aus dessen Schornstein der Rauch aufstieg. Es stand etwas abseits von den anderen und war in gutem Zustand. Scilla hatte sogar versucht, es fröhlich zu machen, indem sie karierte Vorhänge an die Fenster hängte und ein paar Töpfe mit Geranien und Hortensien auf den Fensterbrettern aufstellte. Anna kam es so vor, als schnappten sie nach Luft, so flach wie sie war sie waren gegen die geschlossenen Scheiben. Sie dachte an Old Lafer, kühl und süß, die Türen und Fenster weit geöffnet und die samtige Brise, die in jede Ecke wehte. Scillas Leben schien jetzt genauso beengt zu sein wie ihre Blumen. Sie war ein hübsches, fröhliches Mädchen, das über ihre Arbeit bei Old Lafer sang, frei von Sorgen und Verantwortung, und war traurig über die Abwesenheit ihres Mannes im Gefängnis und gefesselt von den betrunkenen Launen seines Vaters.

Anna erreichte den Rand des Sumpfes auf der Kendrews gegenüberliegenden Seite. Bisher war niemand zu sehen. Nun erschien eine Gestalt im Türrahmen. Es war Frau Severn. Sie kam auf sie zu und winkte mit der Hand, als wollte sie sie bitten, dort zu bleiben, wo sie war. Anna tat es und blickte sie an. Sie merkte sofort, dass sie sicher ging, und dachte, sie hätte noch nie schöner ausgesehen. Ihr Widerspruch zu ihrer Umgebung schien in der Harmonie des silbrigen Grüns zu verschwinden Hintergrund. Sie ging langsam, das lange schwarze Kleid, das sie immer trug, hing hinter

ihr her, war aber halb über einen Arm geschlungen und hatte es in die Hüfte
gestemmt. Der kameenartige Kopf wurde mit königlicher Würde gehalten;
Ihr dunkles Haar war zu einem Knoten geflochten, der einen Bildhauer
verzaubert hätte. Die Sonne schien jede Kurve ihrer Figur einzufangen und
zu umreißen. Sie war nicht so blass wie sonst, und der Farbstich verlieh ihren
Augen einen tiefen, aber leidenschaftslosen Glanz, der ihr Gesicht in
außerordentlichem Maße zu erhellen schien. Sie richtete sie auf Anna mit
der stillen Faszination, die stets jeden zum Reden brachte, von dem sie
erwartete, dass er mit ihr sprechen würde. Sie äußerten keine Emotionen
außer einer Erwartung, die Anna als trotzig empfand. Anna war mit ihrem
Feuer der Empörung, das jeden Blick und jede Geste entfachte, obwohl sie
unter Kontrolle war, ein absoluter Kontrast.

Als sie nur noch wenige Schritte entfernt war, eilte Anna nach vorne und
nahm ihre Hände. Kaum hatte sie das getan, spürte sie die alte Liebe, die alte
Sehnsucht nach Küssen und Verzeihen. Sie hielt sie auf Armeslänge von sich
fern und musterte sie so, dass sie weder Misstrauen noch Vorwürfe
aufkommen ließ.

„Du kommst mit mir nach Hause, Clothilde", sagte sie.

Mrs. Severn lächelte und ließ ihre Hände los.

„Hast du mir nicht ein paar Klamotten mitgebracht, für den Fall, dass ich
mich entscheide, hier zu bleiben?" Sie sagte.

„Das ist das Letzte, woran ich hätte denken sollen, Liebste."

„Warum bist du dann gekommen? „Dinah auf die eine, du auf die andere,
nur um unnötigen Aufruhr zu machen."

„Sie wusste nicht, dass ich hierherkommen könnte."

'Wie hast du? Wer hat dich gebracht?'

'Herr. Borlase. Wir fuhren.'

„Prissy hat es gesagt. Ihr Sehvermögen ist wahnsinnig gut. Ich konnte nur
das Funkeln sehen Räder in der Sonne. Ist er weg? Wirst du mit Dinah
zurückgehen?'

„Oh Clothilde, rede nicht so kalt. Mit dir und Dinah?'

Ihre Stimme war leise, kaum mehr als ein Flüstern, aber sie schaffte es, sie
klar und selbstbewusst zu äußern. Im Umgang mit Mrs. Severn vertraute sie
stets auf ihren Instinkt. Eine einfache, unkomplizierte Entscheidung in der
beschlossenen Richtung nützte wenig, wenn sie als entscheidend empfunden
werden konnte. Mrs. Severns Meinung wurde im Allgemeinen durch die
Zustimmung anderer umgekehrt, und ihr Egoismus war so verblüffend, dass

es unmöglich war, sicher zu sein, dass irgendetwas den gewünschten Eindruck machte, es sei denn, es wurde vorgebracht, um widersprochen zu werden.

Sie antwortete jetzt nicht, sondern drehte sich um und schaute über den Sumpf zum Cottage. Die Sonne brannte heftig auf ihren Kopf. Sie hob eine Hand und drückte sie flach über ihre Stirn. Doch der Unterschlupf reichte nicht aus.

„Du könntest mir deinen Sonnenschirm leihen, Anna", sagte sie.

„Natürlich, wie dumm von mir, wenn ich meinen großen Hut habe. Aber an Sonnenschirme habe ich nicht gedacht.'

„Weil du eins hast." „Es ist wirklich sehr heiß hier", sagte sie, legte den Sonnenschirm auf ihre Schulter und drehte ihn hin und her.

„Erdrückend."

„Und auf dem Bergrücken, wo eine Brise weht, schmerzen meine Augen wegen der Farbe des Lengs. Ich habe dort gesessen und gelesen. Auf dem Wohnzimmertisch lag ein Buch von Ihnen, eines von Bret Harte. Ich nahm es auf und trug es den ganzen Weg. Ich wusste nicht, dass ich es trug. Seltsam!'

„Ich glaube, Sie wussten genauso wenig, was Sie sonst noch taten."

Es entstand eine weitere Pause. Anna vermutete Unentschlossenheit, aber weder Mrs. Severns Gesicht noch die Haltung ihrer Figur verrieten das. Sie stand ruhig da. Dennoch dachte sie ernsthaft nach.

„Kein einziges Fenster lässt sich öffnen", sagte sie plötzlich.

Anna konnte sich ein Lächeln nicht verkneifen.

„Hat Hartas sie versiegelt, seit Sie das letzte Mal hier waren?"

„So ein Wetter war noch nie." Und Prissy wird das Feuer nicht erlöschen lassen; Sie mag es, wenn der Wasserkocher immer kocht.'

„Ich frage mich nicht, wann das das einzige Wasser ist, das es zu bekommen gibt."

„Das ist natürlich nicht ihr Grund."

Jetzt tauchte eine weitere Gestalt aus der Hütte auf. Sie erkannten beide Dinah. Sie stand einen Moment da, beschattete ihre Augen mit der Hand und blickte sie an. Dann ging sie schnell weiter und marschierte den Hang hinauf in die Richtung, in der Old Lafer lag.

Mrs. Severn warf Anna einen scharfen Blick zu.

„Sie geht nach Hause", sagte sie. „Jetzt würden Sie wieder mit Herrn Borlase fahren." Ich nehme an, er würde dich durch den Park und die Alten führen Brücke und East Lafer.'

Anna errötete, aber es war vor Wut.

„Das ist nicht die Frage", sagte sie. „Aber ich werde nicht nach Hause gehen, es sei denn, du gehst mit mir, Clothilde. Wenn Sie gehen, gehen wir über das Moor zum Wald. Es wird weniger Zeit in Anspruch nehmen, und wenn wir nicht vor Papa nach Hause kommen, müssen wir so tun, als hätten wir einen Spaziergang zum Vergnügen gemacht. Die Fahrt würde mich allerdings ausruhen. Ich bin müde. Du hast mich alarmiert. Und außerdem wage ich es nicht, dich hier zurückzulassen.'

Mrs. Severn lachte und eine wütende Röte stieg ihr ins Gesicht.

„Du bist eine Gans – *wage es* nicht!" Sie sagte. 'Und warum nicht? Du musst mich tun lassen, was ich will. Du weißt, dass ich mich jetzt vielleicht darüber freue, hierher zu kommen, aber weil es schon so lange her ist, dass ich hierher gekommen bin und du dachtest, ich sollte es nie wieder tun, bist du traurig, weil ich es getan habe. Ich hätte nicht kommen sollen, wenn nicht Frau Hennifer angerufen hätte; Ich kann sie nicht ertragen. Sie wird es tun Lernen Sie, sich von Old Lafer fernzuhalten – nein, sie muss wie immer kommen, öfter, wenn sie möchte – und sie sprach über Miss Marlowe. Wirklich, Miss Marlowes Angelegenheiten gehen mich nichts an – und da liegt ein Fehler vor, da bin ich mir sicher. Aber wenn nicht, was--'

Ihre Stimme wurde immer hektischer und stockender. Sie brach nun abrupt ab und stellte ihn im selben Augenblick, indem sie den Sonnenschirm schnell von einer Schulter auf die andere legte, zwischen Anna und sich. Zum ersten Mal fiel Anna auf, dass sie nicht mehr sie selbst war. Konnte es sein, dass sie sich geirrt hatte, dass sie getrunken hatte? Die schreckliche Angst starb jedoch bei der Geburt. Sie war überzeugt, dass dem nicht so war. Allerdings stimmte etwas nicht. Was auch immer sie sonst war, ihre Sprache war nie inkohärent. Was hatten Mrs. Hennifer und Miss Marlowe mit ihr zu tun, außer mit dem gewöhnlichen Verlauf eines Telefonats und Smalltalks? – aber sie redete wieder.


„Wirklich, ich glaube nicht, dass ich Prissys Flockenmatratze bei dieser Hitze ertragen kann, und ich bin mir sicher, dass es in diesem Moor stinkt", sagte sie, drehte sich wieder um und sah Anna an.

„Ich bin mir sicher, dass das so ist. Moore unterliegen immer einer schnellen Verdunstung.'

„Sie sind sehr wissenschaftlich, so trocken es auch sein wird, wenn die Hitze anhält. „Jeder, der in diese Malaria-Luft kommt, könnte bald Fieber bekommen."

Annas Gesicht wurde für einen Moment ernst.

„Du musst im Haus sitzen, Clothilde. Hartas hält das Fieber fern, indem er schlechten Tabak raucht, Gin trinkt und Zwiebeln isst."

„Ich sitze oben, Anna, und es war immer sehr gemütlich. Aber seit ich hier war, haben sie das Dach abgenommen und tatsächlich das Dach mit Schieferplatten versehen, und Schieferplatten ziehen die Sonne in einem erschreckenden Maße an."

„Tatsächlich fühlt sich Old Lafer so viel wohler, dass Sie dorthin zurückkehren werden", sagte Anna mit unterdrückter Stimme.


Mrs. Severn sah sie nicht an, sonst wäre sie gewarnt worden, was bevorstand. So wie es war, lächelte sie nachsichtig.

„Lass uns nicht streiten, Anna. Du weißt, dass ich nur über sehr begrenzte Mittel verfüge, um zu tun, was ich will. Ich denke immer, dass Sie alle dankbar sein sollten, dass ich hierher gekommen bin, anstatt nach Wonston zu gehen, was noch viel mehr Skandal auslösen würde.'

Sie legte beim Sprechen die Hand auf den Arm, halb vertrauensvoll, halb als Gehhilfe, denn sie wandte sich nun der Hütte zu.

Aber Anna schüttelte es ab, als wäre sie gestochen worden, und machte einen Schritt zurück, wobei sie ihr einen Blick abstoßenden Misstrauens zuwarf.

„Clothilde", rief sie, „ich werde dich nie wieder hier zurücklassen." Es ist verrückt, so leichtfertig zu sprechen. Ich werde dir die Wahrheit sagen. Ich weiß alles. Scilla hat Dinah erzählt, dass du getrunken hast, als du das letzte Mal hier warst. Wenn ich dich heute hier zurücklassen würde, würde sie mich warnen. Aber ich werde nicht. Vielleicht machst du es noch einmal. Wenn Jeder hier wusste, dass es Papa erreichen würde. Wenn ich verhindern kann, dass er davon erfährt, werde ich es tun. Du hast vielleicht gespürt, dass ich dich nicht verlassen sollte, und hast dir all diese dummen Ausreden ausgedacht, um den Anschein zu erwecken, dass du dich selbst vergnügst, wenn du mit mir nach Hause gehst. Clothilde, du sollst mit mir nach Hause kommen, sonst wird jeder die Wahrheit erfahren. Sogar eine beschämende Wahrheit ist manchmal besser bekannt; es ist Erlösung statt Verdammnis. Clothilde, ich wusste nicht, wie ich dich heute finden sollte. Wenn ich Sie gefunden hätte, da es eine Schande gewesen wäre, Sie zu finden, hätte ich

Herrn Borlase die ganze Wahrheit gesagt, und er hätte mir geholfen – alles, um Sie vor sich selbst zu retten! Aber ich werde dich nicht hier lassen. Jetzt wissen Sie, dass ich alles weiß, dass –"

' *Alle?* «, sagte Frau Severn. Sie hatte zugehört, fassungslos, halb verängstigt. Anna hatte noch nie mit völlig gerechter Wut mit ihr gesprochen. Aber sie hatte mehr erwartet – eine weitere Verurteilung. Jetzt klarte ihr Gesicht mit einer für Anna unerklärlichen Erleichterung, die sie abrupt innehalten ließ.

' *Alle?* ', sagte sie noch einmal.

„Ja", sagte Anna leidenschaftlich. „Wie kannst du so handeln, Clothilde? Holen Sie sich Ihre Motorhaube und wir legen sofort los. Geh, Clothilde.'

Mrs. Severn zuckte mit den Schultern, tat aber, was ihr gesagt wurde.

Anna eilte den Hügel hinauf. Ihre leidenschaftlichen Worte waren nur ein dürftiges Ventil für ihren aufwallenden Groll. Sie war erstickt. Sie sehnte sich danach, sich in die Knie zu werfen und ihren Kummer und ihre Verachtung herauszuschreien. Sie hatte sich nichts so Schwaches, so Verblüffendes vorgestellt. Sie konnte sich über Elias' Verachtung nicht wundern. Es kam ihr so vor, als ob Mr. Severn sie eines Tages verschmähen könnte, wenn er alles wüsste; Gefühlsabscheu könnte ihn dazu treiben.

Oben auf dem Hügel blieb sie stehen. Der Hundekarren war ein Dutzend Schritte weiter. Borlase hatte sie nicht gehört und schaute der andere Weg. Er saß mit hängendem Zügel da und hatte einen Arm über die Rückenlehne geworfen. Sein Gesicht war im Profil zu sehen, aber sie konnte den Ausdruck tiefer, ruhiger Gedanken erkennen. Es beeindruckte sie mit der Möglichkeit, diese weiße Hitze des wütenden Ekels zu kontrollieren . Nur der Stolz hatte es ihr ermöglicht, ihre Stimme vor Clothilde zu beruhigen. Tränen waren ihr in die Augen geschossen, aber Mrs. Severn, eine oberflächliche Beobachterin, hatte das Funkeln auf Leidenschaft zurückgeführt. Diese Reaktion war beschämter als die Enthüllung in den Straßen von Wonston. Der neue Eindruck von Clothilde wurde zum Meistereindruck; Für eine weniger ernsthafte und ehrliche Natur wäre es vielleicht flüchtig wie ein Phantom gewesen. Konnte sie hoffen, jemals seine Bitterkeit zu verlieren?

Doch als sie Borlase ansah, kühlte sich ihre Laune ab.

Dass er ihre Anwesenheit nicht wahrnahm, obwohl er auf sie wartete, verstärkte die Kraft zu seiner Eindämmung ihres eigenen Ungestüms, dessen sie sich schon vorher bewusst gewesen war.

Aber es gab ein Interesse an der Abstraktion seiner Art, das über das Charakterliche hinausging. Woran dachte er, an wen? Das Staunen darüber, an wen ein anderer denkt, ist der Keim des Wunsches und der Hoffnung, dass der Gedanke an sich selbst gerichtet sein möge. Es folgt ein Anflug eifersüchtiger Angst. In diesem Moment wurde ihr die Güte bewusst, die darauf bedacht war, Fürsorge und Individualität zu zeigen. Seine Worte, sein Blick und sein Handdruck strömten in warmer Erinnerung in ihr Herz. Er hatte ihr geholfen, er hätte ihr noch mehr geholfen. Sie wusste, welche Freude ihnen bevorstand.

Dennoch zögerte sie. Sie fühlte sich entnervt. Musste sie trotz ihrer tränenüberströmten Augen, die er sofort bemerken würde, weitermachen oder ungesehen zurückkehren und Scilla eine Nachricht überbringen? Allerdings hatte sie versprochen, selbst zu gehen. Sie wollte auch mit ihm sprechen, um sich zu bedanken ihn, um es zu erklären. Aber es schien auf einmal, als wäre es viel einfacher, Scilla zu schicken. Ihre Schüchternheit bedeutete Hingabe, aber das wusste sie nicht.

Und während sie zögerte, drehte er sich plötzlich um und ihre Blicke trafen sich.

# KAPITEL VIII

## „SIN THE TRAVELLER"

Es war ein Aufblitzen höchst erfreuter Überraschung, das Borlases Gesicht erhellte. Sein Spiegelbild schlich sich über ihres und sie lächelte ihn an. Das volle Wissen um die verborgene Wahrheit durchdrang beide Herzen gleichzeitig.

Ihr Lächeln gab ihm einen Entschluss. Er kannte sie gut. Er wusste, dass sie überrumpelt worden war und dass sie sich ihren unfreiwilligen Selbstverrat übelnehmen würde, wenn sie es merkte, wie es ihr im nächsten Moment passieren würde.

Sie hatte sich nicht bewegt. Es schien ihm, als ob sie erwartete, dass er zu ihr ginge. Sein Herz machte einen Sprung, als er merkte, dass hier endlich war, was er wollte, sie war nicht länger bewusstlos. Er sah sogar eine Veränderung in der Haltung ihrer Figur, sie war schüchtern und unsicher. Doch in ihren Augen war ein Glanz, klar und fest, der ihre seltsame Verwirrung übertraf. Er ergriff Zügel und Peitsche und war sofort neben ihr. Er sprang herunter und nahm ihre Hände.

„Anna", sagte er, „du weißt jetzt, worauf ich gewartet habe, was ich mir sehnlichst wünsche, was mich zu einem glücklichen Menschen machen soll. Du weißt es, weil du es mir endlich geben kannst, nicht wahr, mein Liebling?"

Er zog sie näher.

„Gib mir das Recht, dich in jeder Not zu trösten", sagte er. „Lasst uns alle Freuden und Sorgen teilen." Ich habe dich so lange geliebt. Wirst du meine Frau sein, Anna?'

Für einen Moment wandte sie sich ab und hatte das Gefühl, dass sie es kaum ertragen konnte, dass er ihr Gesicht sah. Sie schämte sich halb für ihr Glück. Sie konnte nicht sprechen. Es kam ihr so vor In ihren Augen lag eine Welt voller Glück. Dann kam der Gedanke, dass es ihn glücklich machen würde, es dort zu sehen. Und so blickte sie ihn an und er sah es tatsächlich.

„Und gehst du mit mir zurück?" sagte er nach einer Weile.

Sie schüttelte den Kopf auf eine Weise, die für ihn ein entzückendes Maß an Bedauern zum Ausdruck brachte.

'NEIN. Clothilde geht, und wir gehen durch das Moor und den Wald. Wir werden früher nach Hause kommen.'

„Dann hast du sie überredet. Wen würden Sie nicht davon überzeugen, gut zu sein und das Richtige zu tun? Aber darf ich euch nicht beide fahren?'

„Oh nein, Clothilde würde es nie tun, und was könnten wir Dad als Erklärung sagen, wenn er zuerst zu Hause wäre?" Und ich habe sie nicht überredet, es war nicht nötig, sie zu überreden. Du darfst nicht zu viel von mir denken, mich nicht idealisieren oder irgendetwas in der Art –"

„Und wie ist mein Name, Kommandant?" Borlase unterbrach ihn lachend.

'Ihr Name? Geoffry, nicht wahr? Ja.'

„Nun, dann nennen Sie mich Geoff, sonst sind Ihre Befehle ungültig."

„Das kann bis zum nächsten Mal warten", sagte Anna pikant.

„Sehr gut, das wird es. Die Vorfreude wird mich umso schneller nach Old Lafer bringen, um Mr. Severn zu sehen. Und ich werde Herrn Piton schreiben. Ich werde mich freuen, mein Eigentum an Rocozanne geltend zu machen. Ich war schon immer eifersüchtig auf Ambrose.'

Sie lachte und murmelte, dass sie gehen müsse.

„Ja, ich nehme an, das müssen Sie", sagte er. „Aber sag mir, gehst du glücklicher weg, als du gekommen bist? Ja? Und das nicht nur, weil Mrs. Severn der Vernunft zugänglich war? Habe ich endlich eine Nische in Deinem Leben, wird es bald mehr als eine Nische sein? Es ist so, nicht wahr? Anna, denk daran, dass du lernen musst, ganz mir zu gehören. Ich werde auf jeden in Old Lafer neidisch sein, auf Mr. Severn, auf Ihre Schwester, auf die ganze Gruppe Kinder.'

Ihr Gesicht zeigte ihm, welche Musik seine eifrigen Töne für sie bedeuteten.

Sie selbst hätte nicht ungestümer sein können. Seine Offenheit bezauberte sie. Na ja, vielleicht! Es war der sicherste Garant für lebenslanges Glück. Er wusste, dass sie von derselben Natur war. Für sie besteht keine Angst vor einer dieser Tragödien des Lebens, die auf einem Missverständnis beruhen.

Anna stieg schnell wieder in die Mulde hinab. Sie hoffte, dass Mrs. Severn herauskommen und sie nicht zwingen würde, zum Cottage hinaufzugehen. Sie wollte unbedingt weg, solange die Mires noch immer entvölkert waren, weil die Bauern auf ihren Torflagern und dem Farnstechen waren. Außerdem könnte Hartas zu Hause sein. Sie fürchtete seine vertraute Geschwätzigkeit und die Heftigkeit seines bedrohlichen Hasses auf den Admiral, den er nie ausließ, jedem einzuprägen.

Mrs. Severn kam jedoch nicht heraus, Scilla jedoch. Sie eilte auf sie zu Sie sah besorgter und ängstlicher aus als sonst, dachte Anna. Sie war sehr hübsch und hatte eine frische Farbe und eine Menge blondes Haar, das durch das ständige Hin und Her ins Freie ohne Hut oder Kapuze in einem rauen Zustand gehalten wurde, der zu ihr passte und seine Farbe zur Geltung brachte. Sonnenstrahlen schienen darin gefangen zu sein. Auch in ihren klaren blauen Augen waren vor Jahren Sonnenstrahlen gewesen. Aber jetzt waren sie traurig, ein quälender Kummer und eine heimliche Angst brüteten dort. Kit war nicht nur im Gefängnis und ihr Baby unter einem kleinen Hügel auf dem Kirchhof, es gab auch Zeiten, in denen sie es kaum wagte, mit Hartas im Haus zu bleiben. Anna hatte sie oft gedrängt, ihn zu verlassen und nach Old Lafer zurückzukehren. Aber sie würde es nicht tun. Sie hatte Kit versprochen, dass sie es nicht tun würde. Wenn sie ein Versprechen brach, das sie ihm gegeben hatte, würde sie die Hoffnung verlieren, ihn auf einem besseren Weg zu halten, wenn seine Amtszeit abgelaufen wäre und er wieder zu Hause wäre.

„Nun, Scilla", sagte Anna, „wann kommst du wieder, um die Kinder zu sehen?"

„Segne sie", sagte Scilla, ihre Augen füllten sich; „Und noch ein Baby. Aber oh, Miss Anna, ich möchte mit Ihnen sprechen. Kommen Sie doch mit. Lass uns nicht stehen bleiben, sonst errät sie vielleicht, was ich dir sage. Vater sagte mir, ich müsste es dir nie sagen, nein, nicht, wenn sie es immer wieder tat. Er hasst jeden seit der Bestrafung des armen Kits und er würde dabei helfen, jeden zu ruinieren, der auch nur ein bisschen mit dem Admiral zu tun hat. Aber ich habe mir vorgenommen, dass ich es sagen würde, wenn Mrs. Severn jemals wieder hierher käme und darum bittet – Sie geht mit Ihnen weg, aber das macht nichts, sie war dort und wird vielleicht wiederkommen. Miss Anna, als sie das letzte Mal hier war, bekam sie eine Flasche Vaters …"

Ihre Stimme sank. Ihr Blick richtete sich auf Anna und flehte sie stumm an, zu verstehen und sich dennoch nicht überwältigen zu lassen. Ja, sie hat es verstanden. In ihrem ganzen Gesicht war eine qualvolle Scham zu erkennen.

Sie gingen langsam weiter. Kurz bevor Als Anna die Hütte erreichte, sagte Anna mit leiser Stimme:

„Ich wusste nicht, dass Hartas es wusste, Scilla. Dinah sagte mir, dass sie es für richtig hielt, das zu tun, und dass es richtig war. Hast du es jemals jemandem erzählt?'

„Niemals, Fräulein Anna; nicht einmal Kit. Liebste Fräulein Anna, sie hat heute um welche gebeten. Ich habe so getan, als ob wir keine hätten. Sie hätte mir bald welche holen lassen. Und das ist es, was ich befürchtet habe, dass sie Jimmy Chapman oder einen der Kleinen erwischt und sie schickt. Dann hätten es alle Mires gewusst und noch eine Menge Leute dazu.

„Glauben Sie, Hartas hat es jemandem erzählt?“

„Das glaube ich nicht“, sagte sie; und fügte zögernd hinzu: „Manchmal glaube ich, dass er, wenn er es nicht getan hat, seine Zeit abwartet und niemand ist, der schlechte Dinge durchgehen lässt.“

Zu Annas Erleichterung und doch fast zu ihrem Schrecken stellte sie fest, dass Hartas draußen war. Hartas Kendrew, ausgestattet mit diesem Wissen, war bereits zu einer Macht, einem Faktor in ihr geworden Leben; Sie würde sich ständig fragen und fürchten, was er, unfreiwillig in seinen Trunkenheitsanfällen oder aus böswilliger Absicht, preisgeben würde.

Scillas kleine Küche war leer, bis auf ein Kätzchen, das zusammengerollt auf dem Sofa lag und fest schlief. Der Fliesenboden war mit einem Muster aus Pfeifenton eingefasst, das Scilla einmal pro Woche erneuerte. Einige Mustertücher hingen in Rahmen an den Wänden zwischen Gruppen von Gedenkkarten unterschiedlicher Größe. Auf dem hohen Kaminsims stand eine Reihe von fünf Kupferkesseln, die alle goldglänzend poliert waren, und darüber zwei Kanonen auf Kraketen. An der Decke hing eine Reihe frisch gebügelter Kleidung; einige Kammgarnstrümpfe trockneten über der Ofentür; Die Bügeldecke lag immer noch ungefaltet auf dem Tisch, hatte aber eine Ecke umgeschlagen, um Platz für ein paar Tassen und Untertassen und eine Rhabarberpastete zu schaffen. Scilla hatte Tee gekocht, aber niemand wollte welchen haben.

Als Mrs. Severn ihre Stimmen hörte, kam sie in ihrer fadenscheinigen Haube die Treppe hinunter elegante Angelegenheit aus schwarzer Spitze, von der Anna sich gewundert hatte, dass sie sie ausgezogen hatte. Sie verabschiedete sich mit der gewohnten Gleichgültigkeit von Scilla. Aber Anna blieb zurück und küsste sie mit einem leidenschaftlichen Handgriff, der ihr ihre Dankbarkeit und ihr Vertrauen versicherte. Scilla sah sie forschend an. Sie hegte schon lange eine Hoffnung für Anna. Sie sehnte sich danach, dass es erfüllt würde. Und hatte Mr. Borlase sie heute nicht hierhergebracht, und hätte er sie möglicherweise in dieser alten Not sehen können und nicht ihr Tröster sein wollen? Sicherlich würde sie ihn niemals abstoßen. Er war gut, da war sich Scilla sicher. Als sie am Rande des Sumpfes entlangging und ihr begegnete, hatte sie geglaubt, dass sie eine Ausstrahlung ruhiger und glücklicher Beschäftigung ausstrahlte. Sie wollte sich davon überzeugen, dass es so war. Ihre Liebe und ihr Respekt rechtfertigten sie sicherlich.

„Warum siehst du mich an, Scilla?“ sagte Anna, als sie sich trennten.

Scillas aufgestaute Besorgnis strömte zum Vorschein.

„Oh Miss Anna, ich liebe dich so", sagte sie hastig flüsternd, „ich möchte, dass du glücklich bist." Bist du? „Nach dem, was ich dir gerade erzählt habe, ist das eine seltsame Frage, aber außer ihr gibt es noch andere auf der Welt", mit einem Nicken zur Tür, „während der eine Ärger bringt, bringt der andere Lichtblick." Und du bist so gut, immer derselbe; Man steckt nicht an einem Tag einen Körper in die Tasche und zeigt am nächsten die kalte Schulter. Sie haben mir bei Old Lafer immer sehr geholfen. Ich weiß, wenn du in dem dritten Winter, in dem ich krank war, dort gewesen wärst, hätte Kit sich nie auf böse Wege eingelassen, denn du hättest uns überbrücken können, und er wäre nicht in Versuchung geraten. Vertrauen Sie mir etwas mehr, liebe Miss Anna.'

Sie hatte ihr Gesicht nie aus den Augen gelassen, und als sie die Farbe sah, die sich beim Hinsehen vom Hals bis zur Stirn ausbreitete, wagte sie sich an den Rand und stand nun atemlos da.

„Wie hast du es erraten?" sagte Anna.

„Dann ist es wahr?" rief Scilla begeistert, verstärkte ihren Griff um ihre Hände. „Ich habe dafür gebetet. Ich dachte, er wäre nie so dumm, an dir vorbeizugehen, du bist ein Juwel! Und du bist leicht im Herzen, oder? Das war ich auch, als Kit zu Old Lafer kam, aber Sie werden nicht das Finish haben, das ich hatte. Gott schütze dich.'

„Das ist noch nicht das Ende für dich, Scilla", sagte Anna. „Du wirst noch eine glückliche Zeit haben."

Scilla lächelte ein Aprillächeln. Dann lachte sie plötzlich. „Miss Anna", sagte sie, „was wird Mrs. Severn dazu sagen?" Sie wird dich nicht von Old Lafer verlieren wollen. Sie war vor einer Stunde in bester Stimmung, als ich ihr sagte: „Sie und Mr. Borlase." Aber egal, was sie sagt. Es mögen Ihnen beleidigende Worte zu Ohren kommen, aber machen Sie sich keine Sorgen daraus; Sie werden nur schlecht über sie reden, wenn sie sie benutzen. Jeder weiß, was *du* in deinem innersten Wesen bist.'

Mrs. Severn war weitergegangen und stand nun auf dem Bergrücken, ihre Silhouette hob sich vom Himmel ab. Anna überholte sie bald und sie ging schnell weiter und verkürzte den Weg, indem er in den Leng schlug. Ihre Wut war verflogen. Die alte Zärtlichkeit war in ihrem Herzen; Einige bittere Momente lang hatte es tatsächlich so ausgesehen, als müsse die neue Scham es löschen. Es war auch nicht ihr neu entdecktes Glück, das sie dazu inspirierte. Ihre Wut muss Clothilde gedemütigt haben, und sie konnte den Gedanken nicht ertragen, dass sie gedemütigt wurde.

Während des anstrengenden Spaziergangs durch den Ling tat sie alles, was sie konnte, um freundlich zu sein. Das schöne Gesicht, das mit einer seltenen Angst, die sie auf den Wunsch zurückführte, vor ihrem Mann zu Hause zu sein, müde und ausgezehrt wurde, berührte sie zutiefst. Sie half ihr beim Anziehen, hielt ihr Kleid hoch, warf den Schirm des Sonnenschirms ganz über sich und hoffte jeden Augenblick, dass sie einen Ton anschlagen würde, der ihr Herz öffnen und einen Hinweis auf sein rätselhaftes Leben geben würde.

Aber Mrs. Severn blieb stumm und ging mit gesenktem Blick, aber sie nahm sie vorsichtig Weg zwischen den Lengbüscheln. Anna in ihrem weißen Kleid und Sonnenhut kam problemlos zurecht, aber Mrs. Severns Fortschritte waren mühsam. Sie sah außergewöhnlich aus, eine Figur, die besser zu einer Bühne passte als der Mohr, ihre schwarzen Vorhänge waren gleichzeitig hübsch und nachlässig, ihre Arme waren bis zu den Ellenbogen frei, und die Spitzenschnüre ihrer Haube waren mantillenartig um ihren Hals geschlungen, was sie festigte von den feinen Konturen ihres Gesichts ab. Sie war sich immer ihrer selbst bewusst.

„Ich frage mich, wofür man uns halten sollte, wenn uns jemand treffen würde?" sagte sie, während sie einen Moment lang an der Wand der Kohlenhütte lehnten und sich ausruhten. „Ich glaube, man könnte mich für eine vom rechten Weg abgekommene Schauspielerin halten."

Anna hielt dies für so viel näher an der Wahrheit, als beabsichtigt war, dass sie nichts sagte.

„Und du für meine Zofe."

„Wahrscheinlich", sagte Anna und ging wieder weiter. Sie fühlte sich von den unterschiedlich starken Emotionen, die sie durchgemacht hatte, zu erschöpft Ablehnung jeglicher Vorschläge. Es schien aussichtslos, an Clothildes inneres Selbst zu gelangen, aber sie konnte nicht umhin, darüber nachzudenken. Die Öffnung des Lebens für sich selbst in den letzten Stunden hatte ihre Wahrnehmung beschleunigt. Eine neue Erfahrung des Einflusses, den jeder auf das Leben um ihn herum ausüben kann, der einen Ansturm ungeahnter Möglichkeiten mit sich bringt, der die Aussicht auf die Zukunft mit einem Heiligenschein eindeutiger und heiliger Verantwortung umhüllt, hatte sie zu einem umfassenderen Verständnis der damit verbundenen Probleme geführt in Aktion, sowie zu einer schärferen Hinterfragung ihrer Triebfeder. Sie wusste seit Jahren, dass Clothilde ihren Mann nicht liebte; Sie war jedoch der Ansicht, dass sie weder zu Liebe noch zu Hass fähig war, da sie ihre Gefühle als diffus und farblos betrachtete und sich selbst umso unglücklicher wegen ihrer Gleichgültigkeit war.

Aber jetzt fragte sie sich, warum sie ihn nicht liebte. Sie war von der Heftigkeit des Tons überrascht gewesen, in dem sie gesagt hatte: „Ich kann Mrs. Hennifer nicht ertragen." Es war nicht nur die irrationale Gereiztheit eines kindischen Geistes, der sich über Missbilligung ärgerte. Warum mochte sie sie nicht? Hatte sie sich nie um ihren Mann gekümmert? Wenn ja, wenn sie die Charakterstärke hätte, das eine zutiefst abzulehnen und vor dem anderen so empfindlich zurückzuschrecken, dass sein Zuhause manchmal unerträglich wurde und alle ihre ehelichen und gesellschaftlichen Verpflichtungen dem einen vorherrschenden Wunsch geopfert wurden, von ihnen wegzukommen, dort Es muss eine Kehrseite des Bildes sein, der Vergleich muss in ihrem Kopf eine natürliche Rolle spielen, die Abneigung gegen den einen muss durch die Wertschätzung des anderen verstärkt werden und die Zurückschreckung vor dem einen durch die Anziehungskraft auf den anderen. Hatte sie jemals jemanden so geliebt, wie eine Frau lieben kann und liebt? Ein paar kurze Minuten lebhafter persönlicher Erfahrung hatten ihr gezeigt, wie sich ein Leben auf ein anderes auswirkt und ein Netz aus Einfluss und Umständen webt, das durch die Zerbrechlichkeit eines einzelnen Fadens vervollständigt oder unvollständig bleibt. War da ein Fadenbruch? Clothildes Leben? Könnte diese Zwietracht eine Harmonie gewesen sein?

Die Stille wurde nicht wieder gebrochen, bevor sie zu Hause ankamen. Die Sonne ging gerade unter, als sie aus dem Lärchenwald auf die Holzbrücke kamen, die den Bach unterhalb der Wiesen überquerte. Der alte Lafer stand über ihnen am Hang, seine Rauchschwaden zogen sich gegen den Himmel. Als sie die Felder hinaufstiegen, kamen nach und nach die Moore in Sicht, und die letzten Sonnenstrahlen fielen in einem goldenen Dunst auf die dichten blauen Schatten, die sie formten. Das alte Haus sah dunkel und grau aus. Anna ließ den Blick über jedes Fenster schweifen, während sie sich auf dem Fensterrahmen balancierte. Der Salon war weit offen. Sie sah, dass Mr. Severn weder in seinem Sessel noch in dem Sessel vor der Sekretärin saß, in der er die Korrespondenz schrieb, die er im Büro nicht durchbrachte. Auch der Teetisch war zu aufgeräumt, als dass jemand dort schon Tee getrunken hätte. Sie ging weiter ins Haus. Sein Hut hing nicht auf dem Ständer. Dinah hörte ihre Schritte, während sie mit offener Küchentür arbeitete, und schüttelte den Kopf, als sie hinausging.

„Er ist nicht gekommen." „Hev, du hast sie mitgebracht?" sagte sie mit einem lauten, aber vorsichtigen Flüstern; Während sie sprach, spähte sie über sich hinweg und erblickte Mrs. Severn, die gerade die Flaggen überquerte.

„Dem Allmächtigen sei gedankt!" sie ejakulierte. „Und äh, Miss Anna, ich habe etwas Honig zum Tee hingestellt. Das wird die Kinder so beschäftigen, sie zu zerschlagen, ihr Brot zu beschmieren und sich selbst zu beschmutzen, dass sie keine Zeit für viel Reden haben. Gehen Sie jetzt nach oben und holen Sie sich eine Souse, um sich für den Tee zu erfrischen. Mein Wort, *sie* sieht aus wie der Tod! Und es gibt ein paar Gürtelkuchen, meine Liebe. Sie sind das, was Sie bevorzugen, und auch der Meister, nur dass er möglicherweise nicht rechtzeitig kommt.'

Eine halbe Stunde später saßen sie herum der Teetisch. Mr. Severn war noch nicht gekommen, und das Geplapper der Kinder wurde wie üblich durch Pausen unterbrochen, in denen sie sich alle darauf konzentrierten, auf die Hufe seines Pferdes oder das Klappern des Tors oder seine Stimme zu lauschen, die Elias rief.

Aber sie haben die Geräusche seiner Ankunft heute verpasst. Er überraschte sie, indem er leise die Tür öffnete, direkt davor stand und seine Handschuhe auszog. Seine Augen wanderten von einem zum anderen und ruhten am längsten auf seiner Frau. Sie lehnte sich zurück und spielte mit dem Löffel in ihrer Untertasse und warf ihm kaum einen Blick zu. Dennoch kam er zu ihr und küsste sie.

„Ich habe Neuigkeiten", sagte er und ging zu seinem Platz. „Hier ist endlich etwas Aufregung für dich, Clothilde. Wir sollen eine Hochzeit feiern. Wer ist nun die zukünftige Braut?'

„Miss Marlowe, Cynthia", sagte Anna.

„Miss Marlowe ist es, aber Tremenheere ist nicht der richtige Mann." Mrs. Kerr war eine schlechte Frau Manager, der nicht weiß, wie er seine Kräfte aufstellen soll, hat sich zu viel Zeit dafür genommen.'

„Schließlich nicht Canon Tremenheere! Und Sie haben dort zu Mittag gegessen; Wusste er es? Wer ist es? Wer hat Ihnen gesagt?'

„Der Admiral hat es mir erzählt. Ich wünschte, es wäre die Canon gewesen, das tue ich. Ich dachte immer, sie würde zu sich kommen. Und sie ging so einfach davon, war die Einzige, die Mrs. Kerrs Plan nicht ahnte. Ich war mir sicher, dass sie sich ganz natürlich darauf einlassen würde. Aber es ist ein Misserfolg. Sie hat sich ohne Erlaubnis mit einem Mann verlobt, den sie auf ihren Reisen kennengelernt hat; Danby nennen sie ihn, Lucius Danby. Er ist ein Anglo-Inder.'

Er rührte seinen Tee um, Anna füllte die Teekanne auf. Niemand bemerkte, dass Mrs. Severns Kopf nach hinten gefallen war und dass sie von ihrem Stuhl rutschte.

Zum ersten Mal in ihrem Leben war sie ohnmächtig geworden.

# KAPITEL IX

## BRIEFE

Cynthia war jetzt auf dem Heimweg. Ihre Pläne, bis Weihnachten in Jersey zu bleiben, scheiterten. In einem Brief erwähnte sie, dass sie ein schönes Zimmer in Bree's Hotel bekommen hatte und sich drei Monate lang ganz wohl fühlte. Wenige Tage später gab sie ihre Verlobung mit einem Mann bekannt, dessen Namen sie zuvor nicht genannt hatte und von dem der Admiral und Mrs. Marlowe noch nie gehört hatten. Sie und ihr Dienstmädchen kehrten sofort nach Lafer Hall zurück, und Mr. Danby würde mit ihnen in die Stadt fahren und sie von dort mit dem North Express abholen.


Dies war in der Tat ein Vorgehen mit hoher Hand. Der Admiral war sprachlos. Er stürmte zu Canon Tremenheere hinunter, vergesslich in seiner Sorge, zu erfahren, ob er von Mrs. Kerr Einzelheiten darüber erfahren hatte, in welchen Schwierigkeiten er sich möglicherweise befand. Er schwor, dass Cynthy ein „sachlicher Kater" sei. Wenn er jemals gedacht hätte, dass sie ihn wörtlich nehmen würde, hätte er nicht versichert, dass ihre Entscheidung in ihren eigenen Händen lag. Es gab also keinen Brief von Theodosia Kerr? War sie nicht für Cynthy verantwortlich? Woran dachten sie alle? Wirklich, es war eine verrückte Welt, Zeit für ihn, ins Grab zu gehen, er konnte solche Wirbel nicht ertragen, Cynthy war vielleicht eine Abstinenzlerin und erwartete, sie alle mit sich in die Luft zu jagen.

„Schau her, Anthony", sagte er und schwirrte wie eine Fliege durch Tremenheeres Bibliothek, während Anthony mit hinter dem Kopf verschränkten Händen und einer ausdauernden Miene dasaß, „ich dachte immer, du wärst der Mann." Ich dachte immer, sie würde zu sich kommen. Sie kennt deinen Wert, Und du bist so ein feiner Kerl, verglichen zum Beispiel mit einem kleinen Marinebottich wie mir. Aber ich sage dir, was es ist. Der Teufel gerät in diese Frauen, obwohl sie gute Seelen sind, Gott segne sie, und entweder wissen sie nicht, was sie wollen, oder sie nehmen sich nicht die Mühe, sich zu entscheiden. Und wenn man bedenkt, dass ihre Fantasie nach all den Jahren im Handumdrehen auf diese Weise geweckt werden sollte. Sie hat sich zu gering gehalten; Es ist überall Cynthy, nur das, was sie tut, denkt nichts an sich. Wenn ein Bettler sie anlächelt, bekommt sie einen Glückskrampf und denkt, die ganze Welt sei voller Glück.'

„Aber woher wissen wir, dass es eine übereilte Sache war?" sagte Tremenheere.

„Hat Theodosia dem Kerl jemals einen Namen gegeben?"

'Niemals. Aber sie schreibt nicht umfangreich.'

„Dann ist es natürlich so. Schreiben Sie jetzt einfach an Theodosia, ja? Es war ihre Pflicht, sie nach Hause geschickt zu haben Moment ahnte sie seine Ansprüche. Ich gebe zu, der Name Danby ist gut, aber Gott segne mich! man sieht Campbell über einer Ladentür und Spencer auf dem Einkaufswagen eines Kundenhändlers! Und auch ein Anglo-Inder! Ich weiß nichts über sie und kümmere mich nicht darum. Und dann zu denken, dass sie dich gehabt haben könnte, ganz zu schweigen von Ushires Sohn, der sie eines Tages zur Gräfin gemacht hätte. Wirklich, Anthony, es ist angebracht, sein Blut zu verdrehen; Ich weiß, es wird meine Leber durcheinander bringen. „Er könnte ein Schlingel, ein Glücksjäger, ein Fröhlicher Andreas, ein verheirateter Mann sein", sagte der Admiral, während seine Fantasie ungezügelt war und seine Stimme einen höheren Ton annahm, als ihm jede neue Möglichkeit einfiel. Er war traurig und verzweifelt. „Ich kann es nicht verdauen, Anthony", sagte er, ließ sich an einem der Fenster nieder und sah schlaff und hoffnungslos ratlos aus; „Ich kann es nicht verdauen. Es ist nicht wie bei Cynthy. Es ist ein Verlust der Würde. Und sie, mit all ihrem Charme und ihrer Wahl, und *Sie* stehen ihr zur Verfügung. Es ist unvorstellbar; Ich kann es nicht glauben.'


„Sie wird zu Hause sein, bevor ich etwas von Theo hören kann", sagte Tremenheere. Er war sich seines Mangels an Mut zu bewusst, um sich über den des Admirals zu wundern. „Ich kann allerdings nicht verstehen, dass sie nicht geschrieben hat." Es muss sich bei den Mails um einen Fehler gehandelt haben. Sie hätte dir schreiben sollen, oder besser gesagt, Kerr hätte es tun sollen. Aber er ist so ein lockerer Kerl, dieser St. John. An Ihrer Stelle, Admiral, würde ich mir jedoch keine Sorgen machen. Ich glaube nicht, dass Cynthias Urteilsvermögen sie im Stich gelassen hat. Wir müssen auf das Beste hoffen.'

'Auf das Beste hoffen! Das bedeutet oft, das Schlimmste zu erleiden. Das Beste kommt nicht, wenn wir mit gefalteten Händen dasitzen und darüber nachdenken. Nein, nein, Anthony, und ich werde keine deiner verfluchten Aphorismen haben – „Was auch immer ist, ist das Beste" und all diese Bruderschaft der Philosophie. Sie sind eine schleichende geistige Lähmung, das ist es. Ich will handeln, handeln, Anthony!'


Während er sprach, stampfte er mit dem Fuß auf, schraubte sein Brillenglas ins Auge und blickte Tremenheere böse an, als sehnte er sich nach Widerspruch, um sich ihm zu widersetzen.

„Das würde ich", sagte Tremenheere, „ganz bestimmt, wenn ich Sie wäre, Admiral." Im Fall Ihrer Enkelin wird es viele Überlegungen geben. Aber warte, bis sie nach Hause kommt, und sei dann ruhig, sei ruhig. Erschrecke sie nicht. Ich glaube nicht, dass ihr klar geworden ist, wie du es aufgenommen hast, wie du es fühlen wirst. Briefe würden die Sache nur dadurch verkomplizieren, dass sie sich kreuzen, verfehlen oder nicht ankommen. Sie wird bald zu Hause sein.'

Der Admiral ging wieder im Raum auf und ab. Er lauschte, hatte jedoch nicht die Absicht, ihm zuzuhören, bis ihm der Ton, in dem diese letzten Worte geäußert wurden, ins Ohr drang. Es war ein Tonfall, der völlig anders war als seine eigene Gereiztheit, der eines Mannes, der in seinem sehnlichsten Verlangen zurückschreckt und in einer Nähe, in der es Hoffnung gab, nichts als Schmerzen vorhersieht schwebte lange, von wo es aber für immer geflogen war.

„Anthony", sagte der Admiral, indem er ihn schnell erreichte und ihm die Hand auf den Arm legte, „ich bin ein verdammter, selbstsüchtiger alter Rohling." Hier greife ich auf deine Nerven ein, um meine eigenen zu retten. Ich gehe. Komm mit mir runter. Die Luft in Ihrem Garten tut Ihnen gut. Aber schreiben Sie einfach an Theodosia, ja?'

Tremenheere nickte, als er aufstand.

Er wollte den Admiral nicht vereiteln, aber es war nicht seine Aufgabe, der Angelegenheit nachzugehen. Er wusste kaum, ob er sich wünschte, Theo hätte geschrieben, oder ob er dankbar war, dass sie es nicht getan hatte. Er war fassungslos über die Nachricht. Der Admiral hatte es auf ihn abgefeuert wie eine Kugel aus dem Mund einer Kanone; und je mehr er darüber nachdachte, desto unerträglicher wurde die brennende Spannung in seinem Herzen. Er wollte allein sein. Er fühlte sich unbemannt. Es war für ihn harte Arbeit gewesen, sich mit der Idee einer Reise von Cynthia abzufinden, auch wenn er an Theos Glauben glaubte gute Dienste und der vage Eindruck, dass sie etwas zu seinen Gunsten erreichen wollte. Aber als sie in Lafer war, wusste er, dass er sie in seiner Nähe und in Sicherheit hatte, dass sie niemand anderem gehörte und außerhalb der Reichweite neuer Bewunderer war. In seinen eigenen Gedanken führte er Theodosias offensichtliche Nachlässigkeit auf den Verlust zurück, den ihre Schwester Julia erlitten hatte. Julia Tremenheere, die mit siebzehn Jahren verheiratet war, wurde fünfzehn Monate später Witwe und heiratete zwei Jahre später erneut. Auch ihr zweiter Ehemann war mittlerweile tot. Die Nachricht von diesem Verlust würde die Kerrs in Athen erreichen. Er konnte sich vorstellen, dass Julias Kummer Theodosia zutiefst treffen würde und dass sie dann übersah, was in ihrer eigenen Reisegruppe geschah. Aber in der gegenwärtigen Stimmung des Admirals hatte er darauf geachtet, dies im Hintergrund zu halten; Eine solch grobe Behandlung der Trauer seiner Schwester und seiner eigenen zu ertragen, war mehr, als er schaffen konnte.

Während der gesamten Kreuzfahrt hatte Theodosia Sie schrieb ihm ständig, hielt ihn bei all ihren Bewegungen auf dem Laufenden und ließ sie darauf schließen, dass sie sich um seine Interessen kümmerte. Diese Briefe hatte er regelmäßig beantwortet. Manchmal legte er eine Nachricht für Cynthia bei. Dies hatte er erst am Vortag getan. Eine Veranda erstreckte sich über die gesamte Länge seines Hauses und war mit Wildblumen geschmückt, deren purpurrote Farbtöne jetzt im glühenden Herbstsonnenschein erstrahlten. Es war eine ihrer Lieblingspflanzen. Als sie das letzte Mal vor ihrer Abreise anrief, fragte er sie, ob sie rechtzeitig zurückkommen würde, um die Pracht zu sehen. Da sie von Mrs. Kerrs Plänen nichts wusste, hatte sie ja gesagt, und als er hörte, dass sie erst zu Weihnachten kommen würde, schrieb er ihr einen Vorwurf, in der Hoffnung, seine Worte könnten von ihrer Zustimmung zu seiner baldigen Reise nach Jersey abhängen, da Mrs. Kerr dies tun würde jetzt bald vorschlagen.

„Meine liebe Cynthia", schrieb er, „mein Garten ist in seiner Pracht." Die Veranda ist in Galakleidung gekleidet. Ich bin überzeugt, dass die Ranke, die berührt hat Deine Wange, als der Wind sie wiegte – erinnerst du dich – hörte dein Versprechen und denkt lange an dich, genau wie ich, denn die ganze Pflanze ist dieses Jahr früh purpurrot. Sie wissen, was für einen exquisiten Vordergrund es dann für die feine Masse des Münsters dahinter bildet. Wirst du nicht unsere letzte Rose des Sommers sein? Besser das, liebe Cynthia, als eine Weihnachtsrose; das ist zu kalt und blass für meinen Geschmack. Seien Sie nicht unsere Weihnachtsrose, wenn ich Sie bis dahin nicht sehe – sonst werde ich von Vorahnungen frösteln. Kommen Sie nach Hause und lassen Sie Kerr und Theo sich gegenseitig verhätscheln. Jeder möchte Sie hier haben, wie Sie wissen. – Mit freundlichen Grüßen, Anthony Tremenheere.'

Nachdem der Admiral sein Pferd bestiegen und davongeritten war, schlenderte er zur Veranda. Er kannte die Ranke, die im Frühling ihre Wange berührte. Er stand da und dachte an sie und stellte sich vor, wie sie dann an seiner Seite stand. Würde sie ihn jemals wieder als Cynthia besuchen? Marlowe, und finden Sie Gelegenheit zu einem ihrer ruhigen Gespräche?

Er dachte an seine Notiz, sie hätte angefangen, bevor sie Theo erreichte; sicherlich würde sie es ihr nicht weiterleiten. Jetzt spürte er mit prickelndem Blut, dass es wie ein Liebhaber war, und sie wurden getrennt, als er es schrieb. Für einen heftigen Moment lehnte er sich gegen die Grausamkeit dieser Unwissenheit auf, die unser menschliches Handeln umgibt und über die man leicht glauben kann, dass Teufel lachen müssen. Bitterkeit wallte in seinem Herzen auf; Was ist Emotion anderes als eine Falle? Dann riss er sich wieder zusammen. Dieses unvorstellbare, aber wahre Ding hing schon seit

Jahren über ihm. Nun war der Schlag gefallen. Was er für Hoffnung gehalten hatte, war schließlich nur Spannung. Offenbar müsste er sein Leben nicht einmal umstellen. Er hatte für ihr Wohlergehen gebetet. Wenn sie eine gute Wahl getroffen hätte, würde dieses Gebet erhört werden. Freundschaft sollte nicht geopfert werden; Ihr Mann und ihre Kinder sollten zu seinen Interessen beitragen. Sein Das Lebenswerk lag auf seinem Bibliothekstisch, aber es sollte ihn nicht in einen Dryasdust verwandeln. Er beschloss, sie weiterhin zu lieben, indem er sich selbst verwarf.

Am nächsten Tag hörte er von Frau Kerr. Eine Prüfung der Poststempel ergab, dass beabsichtigt war, ihn gleichzeitig mit dem Admiral anzuhören.

„Mein liebster Tony", schrieb sie, „ich habe schlechte Nachrichten für dich und ich wünschte von ganzem Herzen, ich hätte Cynthia nie unternommen." Ich wusste, dass sie attraktiv sein würde, aber ich glaubte nicht, dass es für sie von Nutzen sein würde. Ich hatte die vorgefasste Meinung, dass unsere Reise ihr beweisen würde, dass es niemanden wie dich auf der Welt gibt. Und jetzt, mein lieber alter Freund, hat sie uns elektrisiert, als sie ihre Verlobung mit einem Mann verkündete, den wir nicht als Verehrer erkannt hatten. Wir trafen ihn zuerst in Ajaccio, dann tauchte er in Zante auf und schließlich fanden wir ihn in St. Helier. Trotzdem habe ich nichts geahnt. St. John, der mit dabei war Sie tat es, als er hier gegen sie rannte. Sie wissen, wie die Farbe förmlich in ihre Wangen *fliegt* ; Nun, so war es, sagt St. John, als sie ihn sah. Er hat es mir gesagt, aber ich habe es vermasselt. Sie war so lange der Beweis, und da warst du. Allerdings sind jetzt alles und jeder außer Mr. Danby vergessen; St. John sagt, es sei ein echter Fall von Evangelisierung – alle ihre Idole werden den Maulwürfen und Fledermäusen vorgeworfen. Er neckt sie fürchterlich; Sie hat ihre Haare mit Filets getragen, und er sagt, er wisse jetzt, warum, weil Mr. Danby in Ajaccio so gern Filets vom Zicklein mochte. Das ist natürlich alles Unsinn. Aber was wird der Admiral sagen? Ich habe ihr widersprochen; Ich sagte ihr, sie hätte sich hier nie verloben sollen, hätte ihn aber zu Lafer kommen lassen sollen. Sie wissen, was für ein Lachen sie hat, wenn sie glücklich ist; Nun, sie lachte nur – „Theo", sagte sie, „deine weltliche Weisheit bewacht die Gärten der Hesperiden." „Gärten der Geigenstöcke!" sagte ich. Aber alles ist nutzlos. Sie packt jetzt und wird fast vor Ihnen zu Hause sein Das. St. John sagt, ich sollte an Mrs. Marlowe schreiben, aber damit ist der Admiral gemeint, und ich weiß nicht, was ich dazu sagen kann, außer dass es wirklich nicht mehr meine Schuld ist, als dass ich sie gebeten habe, mit uns zu kommen. Oh, Tony, mein liebster Junge, ich wünschte, ich könnte dich sehen! Aber machen Sie sich keine Mühe und lassen Sie mich wissen, was Sie von Mr. Danby halten. – Mit freundlichen Grüßen, Theodosia Kerr.'

Tremenheere saß lange Zeit damit vor ihm. Er kannte Theos Schreibstil, hatte sie aber entschuldigt, als es eigentlich nichts zu sagen gab – die Briefe eines Disraeli hatte er außer Egoismus nicht erwartet. Aber wenn es etwas zu sagen gab, hatte er erwartet, dass sie es sagen würde. Und hier wurde aus der Tragödie eine Komödie, ein Drama, das über alle Maßen verschwommen war. Er hatte wissen wollen, was sie von Danby hielt, was Kerr von ihm hielt. Und hier wurde ihm das Urteil auf die Schultern gelegt.

'Guter Gott!' Er dachte: „Wie soll ich ihn kennenlernen?" Das ist genau das, was ich nicht tun kann, bis sie ihn geheiratet hat.'

Er quälte sich über diese Forderung nach seiner Meinung. Was sollte das heißen? Waren sie unzufrieden? War Kerr misstrauisch? Hatte überhaupt Theo Bedenken? Hätten sie es nicht gesagt, wenn sie ihn mit echter britischer Sympathie gemocht hätten? War diese Unbestimmtheit beabsichtigt: „Wir mögen ihn nicht, oder?" Er wusste, wie die Farbe in Cynthias Wangen floss; er konnte ihr freudiges Lachen hören. Er saß jetzt da und dachte an sie. Sie muss glücklich sein. Wäre sie es, wenn sie an diesem Mann zweifeln würde? Sie konnte nicht völlig geblendet sein, er musste echt sein, wenn sie so glücklich wäre.

Dann überkam ihn ein großes Verlangen, sie gleich nach ihrer Ankunft zu sehen, um sich selbst ein Urteil zu bilden. Seine Unruhe war unerträglich. Er muss es hinter sich lassen. Er würde zu Lafer gehen und es hören, wenn sie es getan hätten hatte ein Telegramm. Hatte sie London erreicht? Wann kamen sie? Mit welchem Zug sollten sie anreisen?

Er sah Frau Hennifer. Der Admiral war mit einem der Holzfäller unterwegs; Mrs. Marlowe war nicht niedergeschlagen; Die Nachricht hatte sie so verunsichert, dass sie seitdem ihre Umkleidekabine nicht mehr verlassen hatte. Sie hatten gehört, dass Cynthia noch in dieser Nacht eintreffen würde. Er ging zum Fenster und blieb lange schweigend stehen. Frau Hennifer blieb ebenfalls stehend in der Mitte des Raumes. Auf ihrem Gesicht lag ein Ausdruck ungewöhnlicher Unentschlossenheit. Sie wusste nicht, wie viel sie von all dem, was in ihrem Kopf vorging, zu sagen wagte.

Tremenheere drehte sich schließlich um und sah sie an.

„Ich würde Cynthia sehr gern sehen", sagte er.

„Du musst morgen hochkommen, sonst fahren wir runter."

'Nein auch nicht. Ich möchte sie heute Abend sehen. Sagen Sie dem Admiral, dass ich sie treffen und in die Kutsche setzen werde.'

„Das wird sehr gut gehen." Mrs. Marlowe kann mich nicht entbehren, und der Admiral ist in dieser Angelegenheit zu energisch, um im Wagen zusammenhängend zu reden."

'Natürlich. Ich hoffe, er wird sanft zu ihr sein – Sie werden zur Hand sein, nicht wahr? Jemand muss sie auch treffen, sonst wäre es so trostlos. Danke.'

Er nahm Hut und Stock, während seine Augen langsam durch den Raum wanderten. Es war das Morgenzimmer, und an ihrer Stelle hatte man oft die Öffnung zu den Salons genutzt, um es nach dem Abendessen im Winter gemütlicher zu machen. Ein kleiner Bambustisch mit einem niedrigen Stuhl daneben gehörte ihr. Wie oft hatten sie dort zusammen Schach gespielt oder sich unterhalten, Cynthia mit leuchtend seidener Arbeit in ihren Händen. Es tat Frau Hennifer weh, die Traurigkeit in seinem Gesicht zu sehen. Er kam herauf und streckte seine Hand aus. Sie nahm es in sich auf und sah ihn ernst an, ihre dünne, eckige Gestalt entspannte sich so weit, dass sie sich leicht zu ihm neigte.

„Canon, es wird vielleicht nie eine Ehe sein", sagte sie.

„Niemals eine Ehe!" er wiederholte. „Liebe Frau Hennifer, das würde ihr, fürchte ich, Kummer bereiten."

„Sie muss etwas voreilig gewesen sein."

„Aber Eile bedeutet nicht immer einen Fehler."

„Vielleicht stellt sie fest, dass sie nicht genug über ihn wusste." Er ist einige Jahre älter als sie. „Vielleicht erkennt sie irgendwann selbst, dass es nicht wünschenswert ist."

'WAHR. Es ist möglich.'

„Aber unwahrscheinlich, denken Sie. Es würde Unannehmlichkeiten mit sich bringen. Dennoch könnte der Abbruch eine gegenseitige Vereinbarung sein; es könnte.'

Er schwieg wieder und kämpfte mit der verzweifelten Hoffnung, die bei diesem Vorschlag erneut aufkam. Es überraschte ihn. Er hatte das Verhalten von Cynthia an diesem Abend festgestellt sollte die Zukunft unwiderruflich für ihn entscheiden. Er würde ohne Spannung kämpfen und keine Lähmung durch Unentschlossenheit erleiden. Schließlich lächelte er leicht, dieses so selten strahlende Lächeln, sanft strahlend, dass es wie ein Segen wirkte, wo immer es verliehen wurde.

„Du willst die Dinge für mich mildern", sagte er. „In deiner Herzensgüte und weil du sie und mich als Kinder kanntest und weil ich sie seitdem liebe, wünschst du dir nicht, dass ich das Schwere ertragen muss. Es fällt mir zwar schwer, aber es wäre mir lieber, wenn es tausendmal schwerer wäre, als dass der Kummer ihr in den Weg tritt. Ich liebe sie noch immer und werde es auf ewig tun, aber es ist und bleibt mit „Selbstehrfurcht, Selbsterkenntnis,

Selbstbeherrschung". Lasst uns zu Gott beten, dass es keinen Fehler gibt, und wenn sie Danby heiratet, möge es eine glückliche Ehe sein.'

Mehr konnte Frau Hennifer nicht sagen. Es war nicht sinnvoll, dass irgendjemand außer Mrs. Severn und ihr selbst diesen Lucius kannte Danby war ihnen bekannt, bis Cynthia es selbst wusste. Es war unwahrscheinlich, dass dieses Wissen bereits ihr gehörte. Frau Hennifer war der Meinung, dass Tremenheeres guter Wunsch möglicherweise in Erfüllung gehen würde, wenn Frau Severn vertrauenswürdig wäre. Sie konnte sich noch kaum mit dem Gedanken an die Vermählung abfinden, da sie von Cynthias Würde eine wählerische Vorstellung hatte. Sie war auch davon überzeugt, dass Danbys Vorschlag auf eine kurze und empörte Ablehnung stoßen würde, wenn der Admiral wüsste, dass die Verlobung seiner Enkelin mit einem Mann erfolgte, der mit der Frau seines Agenten verlobt und von ihr im Stich gelassen worden war.

# KAPITEL X

## MEINUNGEN IN LAFER HALL

Tremenheere war an diesem Abend früh am Bahnhof. Die Abende waren jetzt kurz und die Lampen brannten. Er ging wartend auf dem Bahnsteig auf und ab, sein Blick wanderte von der Linie, deren ferne Kurve sich in der Dunkelheit verlor, zu dem sternenklaren Himmel, der sie überdachte. Er war ein großer, dünner Mann mit leicht gebeugten Schultern. Im Freien trug er einen Inverness-Umhang. Sein Teint war dunkel, seine fein geschnittenen Gesichtszüge waren voller sensibler Gefühle. Sein Kopf war gelehrt und er trug sein leicht gelocktes schwarzes Haar ziemlich lang; Seine Augen waren durchdringend, das Seltenheitliche Sein Lächeln erleuchtete sein ganzes Gesicht. Jeder auf dem Bahnsteig kannte ihn und seinen Auftrag; und Wonston wusste auch bereits, dass Miss Marlowe ihn nicht heiraten würde. Der Lakai aus der Halle, der im Buchungsbüro herumlungerte, der Kutscher auf seinem Bock, jeder hatte seine Klatschtrupps, begierig darauf, jeden Bissen der großartigen Neuigkeit zu erfahren, die Wonston zutiefst bewegt hatte.

Und jetzt wurde der Zug signalisiert. Er hörte das Klicken des Signals, als es herunterfiel. Noch ein paar Augenblicke, und eine rosige Rauchwolke hing über einem dunklen Fleck auf der Leitung. Die Glocke läutete, es gab plötzlich ein geschäftiges Treiben, und die Wagen rollten herum, und der Zug glitt herein. Als er an ihm vorbeifuhr, sah er Cynthia. Das Licht im Wagen schien voll auf ihr Gesicht und sie lächelte. Aber sie sah ihn nicht. Er ging neben ihr her und öffnete die Tür. Trotz aller Bemühungen und Entschlossenheit strahlte sein Gesicht vor Gefühl.

„Na ja, Cynthia!" er sagte.


Ihr Blick richtete sich überrascht, aber ohne Verlegenheit auf ihn. Sie schien erfreut zu sein, einen alten Freund wiederzusehen, mehr nicht. Sein Herz sank. Da wusste er, dass er wider Willen immer noch gehofft hatte. Er glaubte jetzt alles. Ihre Bravour, ihr fröhliches Lachen waren nichts für ihn.

„Du bist hier, Anthony; wie nett von dir. Ist zu Hause alles in Ordnung, hoffe ich?'

Er reichte ihr die Hand und sie sprang herunter. Er drängte sie nach draußen. Plötzlich kam es ihm vor, als müsse er seltsam aussehen, ganz anders als er selbst; Jedenfalls drängten alle nach vorne, um sie anzusehen. Er setzte sie in die Kutsche. Sie bat ihn, mitzukommen, sie würden am Münster vorbeigehen. Aber er ging lieber zu Fuß. Er stand schweigend mit dem Arm an der Tür und lauschte ihrem Bericht über die Kerrs, bis das

Dienstmädchen und das Gepäck erschienen. Dann beugte er sich vor und ergriff ihre Hand. Er sagte nichts, er sah sie nur an: „Nein." Wort, keine Geste des Vorwurfs!' Und Cynthia, die sich in die Ecke der Kutsche zurückwarf, zitterte plötzlich in Tränen. Sie flossen für „die Tage, die nicht mehr waren", für die Treue, die keine Liebe gewonnen hatte, für Antonius, der allein zurückgelassen wurde. Mancher Weg der Freude ist mit solchen Tränen benetzt; Sie lassen es Weihrauch ausatmen.

Wenig später stand der Admiral auf dem Kaminvorleger im Salon von Lafer und spielte abwechselnd mit seiner Uhr und seinem weißen Schaft herum. Er hatte sich schneller angezogen als sonst, und anstatt in Mrs. Marlowes Zimmer zu verweilen, bis der Gong ertönte, war er heruntergekommen in der Hoffnung, dass Cynthia nach ihrer Reise zu spät kommen würde. Er wollte ein paar Worte mit Frau Hennifer sprechen, die während des Treffens ihre Ruhe bewahrt hatte, während er aufgeregt und Frau Marlowe emotional gewesen war. Tatsächlich wollte Mrs. Marlowe oben speisen, aber sie hatte den Admiral beauftragt, eine private Rede mit Mrs. Hennifer zu halten und zu hören, was sie von Cynthy dachte.


Als sie eintrat, drehte er sich eifrig zu ihr um. Er hatte sein Brillenglas aufgesetzt, und sein Gesicht verzog sich zu dem gereizten Gesichtsausdruck, der daraus resultierte, dass alle seine Linien in Richtung des leeren zusammenliefen. Seine eigene Prüfung stellte daher immer die anderer in Frage.

Aber in diesem Fall wusste Mrs. Hennifer, dass eine kritische Betrachtung überflüssig war. Sie war zu einer klaren Schlussfolgerung gekommen und hatte das Gefühl, dass der Admiral sich dieser beugen musste. Die Zeit, die sie zusammen am Teetisch verbracht hatten, bevor Cynthia sich anzog, hatte sie davon überzeugt, dass der neue Einfluss auf ihr Leben ein fesselnder war. Sicherlich konnte es kein schlechter Einfluss sein. Sie wollte nicht glauben, dass der fröhlichen und arglosen Cynthia Marlowe ein Unglück bevorstand. Daher war es sicher, dass sie sich allen ihren Wünschen beugen mussten, sofern kein unvorstellbar ernstes Hindernis im Weg stand. Sie war entschlossen, zuversichtlich zu sein, dass alles gut war.

Sie lächelte, als sie den Raum durchquerte und setzte sich dem Admiral gegenüber. Die aufrechte Haltung ihrer mageren Figur, auf deren Schultern der mit Fransen besetzte orientalische Seidenschal, den sie immer trug, mit seltsamer Leichtigkeit zu sitzen schien, übte ihre übliche kontrollierende Wirkung auf seine Unruhe aus. Er ließ sein Brillenglas fallen und ließ zu, dass ein Augenzwinkern seine Angst übertönte.

„Und nun zu Ihrer Meinung, meine gute Frau Hennifer."

„Sie sieht sehr wohl und sehr glücklich aus, Admiral."

„Das tut sie, ungewöhnlich und absurd."

„Ich fürchte, sie ist jetzt kaum noch unsere Cynthia." Sie ist, was sie mit siebzehn war, mit einem Ausdruck in ihren Augen, einem allgemein undefinierbaren Ausdruck, der beweist, dass es anderswo noch mehr von ihr gibt. Das kann ich Ihnen sagen.'

„Gut", sagte der Admiral. „Genau mein eigener Eindruck." Dennoch dürfen wir uns nicht von der Stimmung der Sache mitreißen lassen. Wir müssen praktisch sein. Er könnte ein Pirat sein, wissen Sie. Wir müssen über seine Referenzen verfügen und wissen, wer und was er ist. Und ich werde ihm noch nicht erlauben, mir zu schreiben. Wir werden versuchen, ob Cynthy sich abkühlen wird; Es geht nichts über Taktik – sh! hier ist sie!'

Beide drehten sich um. Cynthia hatte gerade die Tür geöffnet.

Sie sah strahlend schön aus. Die Überreste der Jahre zwischen Kindheit und Weiblichkeit, die hauptsächlich von Kämpfen um das Erreichen von Gefühlen geprägt waren, wie sie bei anderen Mädchen leicht zu finden waren und von denen sie das Gefühl hatte, dass sie aus Pflicht, wenn nicht aus Neigung, zu ihr kommen sollten, waren verschwunden. Nur Frau Hennifer wusste, was diese Kämpfe gewesen waren, und war erstaunt über den einfachen und unschuldigen Ernst, mit dem sie sich bemüht hatte, wie andere Mädchen zu sein und Liebe und Ehe als Selbstverständlichkeit zu akzeptieren. Sie war die Einzige, die das begreifen konnte die Veränderung in ihr. Bevor Cynthia ins Ausland ging, war es ihre Meinung geworden sie würde nicht heiraten. Sie war überzeugt, dass sie stärker unter dem Einfluss von Anthony Tremenheere stand, als sie wusste, und dass er nun keine Hoffnung mehr hatte, sie für sich zu gewinnen. Manchmal wirkte sie abgestumpft und ratlos, als würde sie weder andere noch sich selbst verstehen, aber ihr allgemeiner Ausdruck war von Ruhe geprägt, die fast an Begeisterung grenzte. Ohne irgendwelche Gewohnheiten ungewöhnlicher Güte anzunehmen, hatten ihre Haltung, ihr Verhalten und ihre Handlungen eine Spiritualität zum Ausdruck gebracht, die subtil diffus war und die moralische Atmosphäre um sie herum zu verfeinern schien. Wäre sie römisch-katholisch gewesen, hätte Frau Hennifer ihre Berufung in einem Kloster gefunden; Ohne ihre Heimatliebe, ihre leidenschaftliche Verbundenheit mit alten Vereinen und vertrauten Gesichtern und ihr starkes Gespür für die Erbpflichten als Erbin und Grundbesitzerin wäre sie vielleicht das klügste und fröhlichste Mitglied einer Schwesternschaft geworden. Der Rhythmus der Routine, die Methode des liebevollen Dienstes, unbelastet von der Verantwortung persönlicher Leidenschaft, das sind sie schien am besten zu ihr zu passen. Mrs. Hennifer konnte sich nicht mehr vorstellen, dass ihr irgendeine Gefühlsbegeisterung bevorstand. Sie würde Lafer ihr ganzes Leben lang mit ihrer Anwesenheit segnen, indem sie die Güter bestieg und Reichen und Armen Gastfreundschaft und Prämien gewährte. sie würde in ihrer Einsamkeit glücklich sein und in einer gewissen Träumerei, die all ihrer praktischen Energie und ihrem klaren Urteilsvermögen zugrunde liegen würde; Sie würde niemals das Bedürfnis nach Führung und Vertrauen in eine stärkere Persönlichkeit als ihre eigene verspüren. Sie würde sich nie nach einem Kind sehnen, obwohl sie alle liebte, mit denen sie in Kontakt kam. sie würde das reife Alter erreichen und sterben. Ähnlich wäre es mit Anthony Tremenheere; Die beiden Leben, die eins hätten sein können, liefen in parallelen Linien auseinander, gehalten von den Kräften des Anstands und der Konventionalität, die Cynthia geschmiedet hatte und gegen die sie sich dann als Teil des Ganzen vage und misstrauisch gesträubt hatte Verwirrung eines Lebens, das sicherlich bis in seine Tiefen durchsichtig sein sollte.

Und hier war sie ein neues Geschöpf, erleuchtet vom Aufruhr heißer Gefühle, dennoch schüchtern in ihrem Gefühl der Selbsthingabe und ihrer Hoffnung auf vollkommene Freuden.

Sie trug ein Kleid aus glitzernder Tussore-Seide und hatte zarte Safrano-Rosen an ihrem Hals und in ihrem Taillenbund. Ihr goldenes Haar war aus der Stirn zurückgerollt und tief im Nacken zu einem lockeren Knoten zusammengebunden. Ihr Gesicht strahlte vor Lebhaftigkeit, ihre großen haselnussbraunen Augen hatten nichts von ihrer durchsichtigen Aufrichtigkeit verloren. Sie hatte die Angewohnheit, ihren Blick durch ein Zimmer schweifen zu lassen, bevor er auf die darin befindlichen Personen fiel; so war die Anerkennung mit ihrer Erleuchtung. Als sie mit beschwingten Schritten nach vorne trat, verstärkte die altmodische Harmonie des Raumes ihren Charme. Der weiße Samtteppich, die verblasste Zartheit jahrhundertealten Brokats, die sanften Wachslichter, die sich auf Ormolu und Kristall spiegeln einmal milderte und steigerte ihre Lieblichkeit.

Und nun blickte sie mit einem Lächeln natürlich vollkommener Zuversicht vom Admiral zu Mrs. Hennifer. Als sie sie erreichte, legte sie ihre Hände um seinen Arm, als er sich gegen den Kaminsims lehnte und ihn küsste.

„Wenn ich nicht wüsste, dass Verschwörer nicht unbedingt Verräter sind, hätte ich Angst vor diesem *Tête-à-Tête* ", sagte sie.

Er ergriff ihre Hände und hielt sie auf Armeslänge von sich, während er sie lange und zärtlich ansah.

„Also, Cynthy, willst du ihn trotz uns allen haben?"

„Warum trotz euch allen? Sie werden keine Vorurteile gegenüber jemandem haben, den Sie nicht kennen. Warte, bis du ihn kennst, Großpapa.'

„Aber woher soll ich ihn kennen?"

„Sie werden ihn hier natürlich fragen – zumindest Sicherlich wirst du das tun?' sagte sie und in ihren Augen dämmerte ein alarmierter Ausdruck.

„Aber wie kann ich ihn fragen, was?"

Sie errötete rosig.

„Er wird Ihnen schreiben. Du willst ihn doch kennenlernen, nicht wahr – du und deine Großmutter, und du auch?' fügte sie hinzu und wandte sich an Mrs. Hennifer.

„Cynthy, du bist eine Unschuldige, ein Einfaltspinsel", sagte der Admiral. „Sehen Sie nicht, was für einen Hokuspokus Sie gemacht haben? Ich werde hier keinen Mann unter der Bedingung bitten, dass er mit dir schlafen darf; Nein, bei George! Du hast nicht ausreichend an dich gedacht, das hast du nie getan und du wirst es auch nie tun. Du hast zugelassen, dass dieser Danby dich wie einen gewöhnlichen Niemand behandelt, du hast auf alle Zeremonien verzichtet. Ich mag in meinen Vorstellungen altmodisch sein, aber er hätte mich vor Ihnen fragen sollen, und dazu hätte er ohne Einladung nach Lafer kommen müssen, und das muss er jetzt tun. Ich werde nein machen verspricht, bis er sich wie ein Mann verhält, und dann nehme ich mir die Zeit, darüber nachzudenken, ob er ein Gentleman ist; ja, bei George!'

Während er sprach, errötete sie scharlachrot, halb aus Scham, halb aus Angst; Aber jetzt klärte sich ihr Gesicht augenblicklich, und sie lachte, faltete die Hände und warf sie dann auseinander, wie sie es immer zu tun pflegte, wenn sie aufgeregt war.

„Lieblingsgroßvater", sagte sie, „weißt du nicht, dass der Nordwind mir immer Gänsehaut bereitet, er tobt so?"

Er zog an einem ihrer kleinen Ohren.

„Minx, entwaffnender Kater, Sirene!" er sagte.

Der Gong war erklangen. Er reichte Mrs. Hennifer seinen Arm, und Cynthia ging vor ihnen her, warf beim Reden einen Blick über die Schulter und gewährte ihnen flüchtige Einblicke in die Augen, deren Glanz wieder von dem undefinierbaren Dunst glücklicher Abstraktion überschattet wurde, der sie den ganzen Moment über erschreckt hatte, als sie sie sahen sah sie. Es war so neu, so bedeutsam, dass es mehr sagte, als sie wahrscheinlich mit Worten sagen würde.


Frau Hennifer ihrerseits hoffte auf aufschlussreiche vertrauliche Informationen. Cynthia sagte jedoch nichts. Der Admiral führte ein langes

Gespräch mit ihr und stellte fest, dass sie in der Hauptsache stolz und entschlossen war, in Einzelheiten jedoch zurückhaltend. Für sie war die Sache einfach: Sie besaß nur solche rudimentären Elemente, mit denen ein Kind seine Freuden ausstatten konnte. Sie glaubte, sie vertraute, sie liebte. Als der Admiral zuhörte, erinnerte er sich irgendwie an die Tage, als Lindley Murray am Knie von Mrs. Marlowe analysierte. Natürlich war er alles, was sie sich wünschen konnten – nun, was war er? Hatte er Familie, Vermögen oder einen tadellosen moralischen Charakter? Sie wusste nicht. Aber sie war sich sicher, dass er nicht gewusst hatte, dass sie eine Erbin war. Die Kerrs hatten ihm nichts gesagt – tatsächlich hatte Theo ihr gesagt, dass er nichts gefragt hatte; sie kleidete sich auf die einfachste Art und Weise; Sie hatte keine Ahnung, dass er sich zu ihm hingezogen fühlte, bis er ihr einen Heiratsantrag machte; er war sehr still – und hier brach sie ab und drehte sie um Sie legte den Kopf zur Seite, um ihr Erröten zu verbergen, und murmelte etwas über „Kontraste, und sie war selbst so eine Schwätzerin."

Der Admiral sagte wenig, außer dass er nicht sofort etwas von Danby hören wollte. Er bat sie, keine Briefe zu erhalten oder zu schreiben, bis er seine Erlaubnis erteilte. Sie war zugänglich, aber das entsprang der Fügsamkeit des absoluten Vertrauens in einen anderen und der Kenntnis ihrer selbst.

Dann kehrte sie zu ihrer alten Routine zurück – mit Mrs. Marlowe fahren, mit dem Admiral reiten, mit ihrem Hirschhund spazieren gehen. Sie hatte alle ihre Freunde zu sehen. Jeder war neugierig, sie zu sehen. Sie war so fröhlich und aufgeweckt, dass sie kaum glauben konnten, dass ihr Herz nicht ganz bei ihnen und ihren Interessen war, wie schon immer. Aber sie trug einen Ring, eine Kamee eines griechischen Kopfes, der zwar nicht mehr als eine Erinnerung bedeutete, aber kein Marlowe-Erbstück war. Der Admiral bemerkte es, wagte aber nicht zu fragen, wo sie es gekauft hatte. Und manchmal verstummte sie plötzlich und sie Die Augen weiteten sich und leuchteten vor Gedanken, die am Rande glücklicher Träume schwebten.

Als Danby einmal während eines Spaziergangs in Zante zu ihnen kam, war sie in so fröhlicher Stimmung gewesen, dass sie sich schließlich zu entschuldigen begann. Aber er wollte sie nicht hören.

„Es ist für ein argloses Herz natürlich, fröhlich zu sein; „Lass die Liebe es unterdrücken", sagte er.

Die Worte hatten sie in ihrer Unwissenheit entzückt; Wie viel mehr jetzt?

---

# KAPITEL XI

## ALTE THEMEN IM NEUEN LICHT

Danby kehrte sofort nach Jersey zurück, nachdem er Cynthia in London begleitet hatte. Sie erlaubte ihm nicht, nach Lafer zu gehen, bis sie den Weg mit dem Admiral geebnet hatte; und da er sein Glück noch nicht begreifen konnte, so dass er in dem Moment, in dem sie verschwand, dachte, sie müsse eine Vision sein, kehrte er zu den Kerrs zurück, als greifbare Beweise für das Gegenteil.

Er wollte auch mehr über sie erfahren. Sie hatte nichts über ihre Umgebung gesagt, und als er Kerr in einem bedeutungsvollen Punkt als ihren Vormund bezeichnete, sagte sie ihm . , Ihm war etwas Seltsames an seinem Aussehen aufgefallen; während Mrs. Kerr mit einem hysterischen Schluchzen erklärte, dass sie nie wieder eine junge Dame beaufsichtigen würde. Er war zu sehr an das Unerklärliche in den Stimmungen aller Arten und Zustände der Menschen gewöhnt, um einem indirekten Eindruck große Bedeutung beizumessen. Dennoch war es sinnvoll, praktisch zu sein und sich auf unvorhergesehene Situationen vorzubereiten. Bis er sie kennenlernte, war er in der Tat weit davon entfernt, zu heiraten, und seine Mittel waren so groß, dass ihm als letztes in den Sinn kam, über die ihren zu spekulieren. Sie hatte sich gefreut, als sie feststellte, dass ihre Erbin unverdächtig war.

In seinem innersten Wesen hatte Danby Diplomatie entwickelt. Er wusste es und sagte sich oft, dass er seine Berufung verpasst hatte; er hätte entweder Jesuit oder Botschafter sein sollen. Es war die einzige moralische Verunglimpfung, die der tiefe alte Kummer in seine Seele eingebrannt hatte. Er misstraute und würde nie wieder vertrauen außer nach den Prüfungen eines Taktikers, der seine Ziele so genau kannte, dass er es sich leisten konnte, sie zu verbergen. Hier hatte sein Lieblingsautor – Bacon – das Wissen gefördert. Er verstand es, „schlafenden Widerstand niederzuschlagen und zu überraschen", wie er „sich einen fairen Rückzugsort verschaffte" und wie man „den Geist eines anderen entdeckte". Nach diesen Grundsätzen hatte er viele Jahre lang alle Menschen studiert. In diesem Sinne hatte er die Kerrs verdaut. Nur bei Cynthia hatten sie ihn im Stich gelassen. Er hatte gedacht, dass er, wenn er jemals heiraten würde, in diesem Sinne sein würde; Eine subtile Analyse und Synthese sollten seine Wahl bestimmen. Drohte das Urteil mit Desertion, stärkte er sich durch scheinbaren Rückzug. Die Erfahrung hatte nicht dazu geführt, dass er Angst vor einer Niederlage hatte; er hätte vielleicht früher geheiratet, wenn er mehr Entmutigung erfahren hätte. Aber sollte ein solches Paradoxon wie die Entmutigung seinen Weg befallen, würde er seine Künste, seine Feinheiten, seine Wahrnehmungen einsetzen und ohne Schmeicheleien Erfolg haben.

Schmeicheleien verabscheute er. Er verabscheute die Frauen, die sie haben wollten. Seine größte Freude an der Frau der Zukunft bestand darin, dass sie sie ebenfalls verabscheuen und wahrscheinlich sogar nicht verstehen würde.

Doch als er Cynthia sah, scheiterte seine Taktik. Sie war einfach, sie war zielstrebig und transparent – eine Frau, wie er sie sich nicht vorgestellt hatte; in der Tat das Paradoxon. Er verliebte sich, aber sie merkte es nicht. Tun Sie, was er wollte, um ihr seine Gefühle zu zeigen. Sie hat es nie bemerkt, bis er sie darum gebeten hat. Danach machte er ihr ein wenig Vorwürfe wegen ihrer Blindheit, die ihn vielleicht für immer abgeschreckt hätte, aber wenn er nicht mit ihr ins Gespräch gekommen wäre, hätte er geschrieben.

„Oh, Lucius!" Sie sagte: „Ich weiß, wen ich mag; Ich glaube nicht, dass ich jemanden mögen könnte, der nicht gut ist, also ließ ich es zu. Aber was mehr betrifft, konnte ich nie, bis ich gefragt wurde. Dann sollte ich gleich wissen, ob ich könnte.

Er kannte sie jetzt so gut, dass er es wusste auch das stimmte; sie konnte nicht suchen oder auch nur denken, dass sie gesucht wurde.

Bei seiner Rückkehr nach Jersey hatte er jedoch neben der Nähe zu den Kerrs noch ein anderes Ziel. Er wollte die Pitons sehen.

Als er im vergangenen Jahr Indien verließ, wollte er sofort dorthin gehen. Seitdem er die Nachricht von Clothilde Hugo erhalten hatte, in der sie ihre Verlobung mit ihm mit der Nachricht löste, dass sie an diesem Tag einen anderen Mann geheiratet hatte, hatte er sie weder namentlich genannt noch mit jemandem kommuniziert, der ihm Informationen über sie geben konnte. Aber nach England zurückzukehren und sich einen Ort zum Einleben auszusuchen, ohne zu wissen, ob und wo sie wohnte, würde er nicht tun. Er konnte seine eigenen Gefühle in dieser Angelegenheit nicht analysieren, er hielt es nicht für lohnenswert, dies zu tun; Es war eher Entschlossenheit als Vernunft, die ihn auf die Idee brachte, die Pitons zu sehen. Er beschloss, es sich zum Grundsatz zu machen, jedes Risiko eines Wiedersehens mit ihr zu vermeiden.


Als er erfuhr, dass die Kerrs dorthin gingen, schien es zunächst, als würde sich alles ganz natürlich zu seinen Gunsten arrangieren. Er konnte Rocozanne auf die beiläufige Weise eines alten Bekannten besuchen, der sich zufällig in der Nachbarschaft befand, und seinen Nachforschungen nachgehen, indem er ihm seine Verlobung mitteilte. Aber seine Unkenntnis der Konventionalität rund um die Stellung einer Dame verwirrte ihn. Er folgte den Kerrs nach Jersey, und als er sich im selben Hotel wiederfand, traf er Cynthia sofort wieder und machte ihr sofort einen Heiratsantrag. Er war sehr überrascht, als sie ihm am nächsten Tag sagte, dass sie nach Hause gehen würde. Er dachte, er hätte ihr missfallen. Aber Mrs. Kerr stimmte so herzlich zu und war offensichtlich sogar so erleichtert, dass er seinen Fehler erkannte. Er konnte nur nachgeben und tun, was sie wollte. Er war so in sie vertieft, dass ihm bereits die Möglichkeit in den Sinn gekommen war, dass Clothilde sich in St. Helier niederlassen könnte, wo er sie jeden Moment treffen könnte Als er den Kerrs nachreiste, fiel ihm nie wieder etwas ein.

Ambrose Piton saß auf dem Uferdamm von Rocozanne, den Hut über die Augen gezogen und die Hände in den Taschen vergraben, als Douce, ihre alte Magd, ihm Danbys Visitenkarte brachte. Er warf einen Blick darauf und pfiff, dann sah er Douce an. Er sah, dass sie den Besucher erkannt hatte.

„Viel verändert, was?" er hat gefragt.

„Nein, fast das Gleiche, weiß und schwarz, aber seine Augen sind ganz ruhig."

„Bei Gott, ich wünschte, er wäre nicht gekommen. Nun, zeigen Sie ihn hier raus.'

„Es ist nicht nötig, dass er mich einfriert", dachte er, „da er bei dieser seltsamen Wendung der Dinge nicht rausfliegen kann." Aber die Frage ist: Weiß er es oder will er es wissen? Wenn er es wissen will, wird er bald mehr wissen, als er will. Es ist eine schreckliche Schande. Ich hasse diese Skorbut-Tricks des Schicksals.'

Er stand auf, als Douce wieder auftauchte. Ja, er hätte Danby überall wiedergekannt. Er hatte einen Körperbau, auf den sich die Zeit wenig auswirkt. Obwohl Ambrose der jüngere Mann war, bemerkte er plötzlich eine Tendenz zur Korpulenz und einen rollenden Gang. Er musterte diesen gepflegten, gepflegten Anglo-Indianer scheinbar gleichgültig, während Danby seinen Blick erwiderte und dennoch das Glitzern der Wellen in der Sonne in der Bucht dahinter zu beobachten schien. Ambrose war nervös, fühlte sich aber lieber amüsiert als beeindruckt.

„Wir werden Stühle haben, wenn Ihnen die Wand egal ist", sagte er. „Ich bevorzuge die Wand." „Man kann seine Beine schwingen, ein ungeheurer Energieluxus für einen Müßiggänger."

Er glaubte nicht, dass Danby an die Wand gehen würde, aber er tat es. Seine Überraschung wurde jedoch dadurch gemildert, dass er seine Beine nicht nach vorne warf, sondern seitwärts saß und das Gleichgewicht hielt, indem er mit einem Fuß auf den Rasen drückte. Ambrose kehrte in seine alte Position zurück und dachte über ihn nach, der ebenso abgestumpft wie abgestumpft war Ausdruck. Er sagte ein paar Worte, während Danby vom Haus zum Kirchhof blickte und darüber nachdachte, wie die Fuchsien gewachsen waren und wie viele Gräber es noch gab.

Ambrose beobachtete ihn aus dem Schatten seiner Hutkrempe. Er verabscheute Palaver, und Danby konnte nur hier sein, um etwas Persönliches zu sagen. Er war nicht der Mann, der sich lächerlich machte, indem er nach so vielen Jahren aus St. Helier's kam, um über Kühe und Kohl, die Birnenernte oder sogar die letzte Katastrophe auf dem Postschiff zu sprechen. Aber wie um Himmels Willen sollte er zu Clothilde führen? Er vermutete, dass sein Wissen über künftige Komplikationen umso größer war, und es erschien ihm kaum fair, dass Danby Feingefühl an den Tag legen musste. Natürlich würde er sich über seine eigenen Taktiken ärgern, wenn unerwartete Enthüllungen Ambroses Wahrnehmung davon beweisen sollten.

„Ich bin vielleicht ein tollpatschiger Kerl", dachte Ambrose, „aber hier kommt es auf Ehrlichkeit an!" Ich muss ihn nicht ansehen – tatsächlich blendet mich dieses Glitzern Ich muss ab und zu die Augen so weit schließen, dass ich sie verschließen kann, es sei denn, ich möchte erblinden.'

Er streckte seine Hand nach einem Stapel Bücher, Zeitungen und Rezensionen an der Wand neben sich aus und zog einen Brief aus den Seiten des *Quarterly* . Danbys Aufmerksamkeit war erregt und er folgte seinen Bewegungen, als er es öffnete und auf seinem Knie glatt strich.

„Das ist von meiner Cousine Anna", sagte er, seine Stimme klarer und seine Nervosität unter Kontrolle. „Sie schreibt uns oft und hat eine herzliche Vorliebe für alte Freunde. Allerdings kommt es selten vor, dass sie von Lafer viel mehr als nur Heimatnachrichten zu erzählen hat' – er spürte Danbys Überraschung eher, als er sah, als dieser Name an seine Ohren drang – ‚es ist ein Ort, der nicht von der Welt ist, und das hat nur sie getan.' die Kinder ihrer Schwester, über die man reden kann. Aber heute Morgen – ja, ich habe es gerade erhalten, erzählt sie mir von Miss Marlowes Verlobung mit Ihnen. Sie sagt nicht „zu dir" und hat offenbar nicht die geringste Erinnerung an den Namen, aber sie ruft dich an Namen und erwähnt, dass Sie sich tatsächlich in Jersey befinden –"

„Aber wie – wo ist die Verbindung? Ich verstehe das nicht. Kennen Sie Miss Marlowe?' sagte Danby und konnte nicht länger schweigen.

„Das tue ich", sagte Ambrose. „Sie war neulich hier. Sie besuchte uns am Tag nach ihrer Ankunft auf den Inseln mit ihren Freunden. Sie hatte Anna gesagt, dass sie es tun würde, und mein Vater war sehr erfreut. Sie sprach dann davon, hier zu überwintern. Aber es scheint, dass sie unerwartet nach Hause geht.'

'Sie ist weg. Ich habe sie in London gesehen und bin gestern zurückgekehrt. Aber ich hoffe, ihr bald zu folgen und den Admiral zu sehen. Trotzdem,

Piton, verstehe ich nicht, wie Ihr alle miteinander verbunden seid. Nun, Miss Hugo, woher kennt sie sie genau?'

„Oh, sehr intim", sagte Ambrose und hatte das Gefühl, am Rande eines Abgrunds zu stehen. „Sie scheint eine Freundin gefunden zu haben." ihrer. Allerdings nannte sie Mrs. Severn kaum; sie--'

„Und wer ist Mrs. Severn?" sagte Danby mit bemerkenswert langsamer und trockener Stimme, als er ihn direkt ansah.

Ambrose wusste, dass er wusste, wer Mrs. Severn war, aber dass er auch entschlossen war, die klare Wahrheit ans Licht zu bringen.

„Sie ist meine Halbcousine, Clothilde, wissen Sie." Sie heiratete Lafer, den alten Lafer. „Ihr Mann ist der Agent des Admirals", sagte er. Leise fügte er einen starken Kraftausdruck hinzu.

Er warf Danby keinen Blick zu, war sich aber der intensiven Durchdringung bewusst, mit der sein Blick auf ihn gerichtet war.

Sie saßen schweigend da und Danby sah ihn weiterhin an. Aber jetzt geschah es unbewusst. Er war für die Zeit moralisch gelähmt. Er konnte wegen der Anspannung in seinem Gehirn einfach nicht den Kopf drehen. Jedes Wort hatte mit der Wucht eines Vorschlaghammers eingeschlagen; aber es war unmöglich, auf einmal zu erkennen, was alles dahinter steckte.


Ambrose war offenbar wieder in der Bucht versunken. Er schwang die Beine und suchte den Horizont nach vorbeifahrenden Schiffen ab. Neben ihm lag ein Fernglas. Er nahm es in die Hand und untersuchte einen Schoner, der mit gesetzten Segeln und silbernem Glanz im Sonnenschein Noirmont umrundete. Dann legte er es nieder, steckte die Hände tief in die Taschen und begann einen leisen Pfiff.

„Bei meiner Seele, wenn ich eine Frau wäre, würde ich weinen", dachte er. Am liebsten hätte er sich scharf umgedreht, Danby auf die Schulter geklopft und gesagt: „Kopf hoch, alter Mann!" Es ist ein verblüffender Zufall, den ein Zyniker zum Fluchen bringen würde; aber bei Gott, dir ist am Ende das Glück vorbehalten.'

Er wagt es jedoch nicht. Er wusste intuitiv, dass Danby in diesem Moment wie ein „alter Mann" aussah, dass sein Gesicht eingefallen und grau war. Außerdem war er nie jemand gewesen, mit dem es leicht war, zu scherzen. Sein Handeln hatte zu deutlich den Stempel der Ernsthaftigkeit getragen; Er hatte eine Lebensenergie zum Ausdruck gebracht in wenigen Worten, aber einprägsam auf alle Umstände, in denen Ambrose ihn gesehen hatte, was Scherze unwillkürlich als profan vertrieb. NEIN! er hatte seinen Teil getan.

Es war am besten, seine eigene Wahrnehmung des Dramatischen zu ignorieren.

Er saß da und blinzelte angesichts der glitzernden Wellen.

Und schließlich drehte sich auch Danby um und sah sie an.

Der Nachmittag verging wie im Flug. Danby holte seine Uhr heraus, er war eine Stunde in Rocozanne gewesen, hatte die Chance, einen Zug zu erreichen, verpasst, und wenn er nicht den nächsten erwischte, würde er *den Table d'hôte* bei Bree's verpassen. Aber er wollte *den Table d'hôte* verpassen . Es würde ausreichen, rechtzeitig zurück zu sein, um bei ihren letzten Zigarren ein paar Worte mit Kerr zu sprechen.

„Verbringen Sie den Abend mit uns", sagte Ambrose inspiriert.

„Danke", sagte Danby.

Sie saßen da, bis Tee angekündigt wurde. Mr. Piton, ein fröhlicher, zwergartiger kleiner alter Mann Obwohl der Mann mit der ganzen Kompliziertheit von Danbys Angelegenheiten vertraut war, ignorierte er jedes Interesse, das nichts mit der indischen Statistik zu tun hatte. Darüber entwickelte er eine unstillbare Neugier. Ambrose, der in amüsierter Faulheit zuhörte, erkannte zum ersten Mal, dass Unpersönlichkeit nur nötig ist, um tropische Hitze vom Emotionalen ins Sachliche abzulenken. Er fühlte sich jetzt kühl, obwohl er mit Danby in einem Leinenanzug und Puggaree in der indischen Sonne brütete. Danby war dem Anlass gewachsen. Er konnte persönliche Gefühle abtun. Er hatte sein ganzes Leben lang eine Leidenschaft für Genauigkeit gehabt, was die Umstände dadurch gefördert hatten, dass sie ihn in unser großes orientalisches Reich schickten, wo es von verschiedenen Rassen und Religionen wimmelt. Er hatte es sich zur Aufgabe gemacht, die antagonistischen Tatsachen zu meistern. Die Arbeit dort verschaffte ihm nach und nach Wohlstand, Stellung und nach ein paar Jahren einen Ton ausgeglichener Selbstzufriedenheit, den man streng genommen nicht als Glück bezeichnen konnte, aber auch nicht weit davon entfernt war. Er war dankbar und ging mit einem Geist, der enzyklopädisch mit Einzelheiten über seine inneren Fasern gespeichert war. Nichts Das hätte ihn besser beruhigen können als dieses Gespräch mit Mr. Piton. Es führte ihn zu alten, fesselnden Interessen zurück und lockerte die Anspannung einer Gefühlsfähigkeit, deren Schlummer er bis heute Nachmittag fälschlicherweise für den Tod gehalten hatte.

Es war spät, als er nach St. Helier zurückkam, aber als er die Straße zu Bree's überquerte, erkannte er Kerr, der im Portikus stand. Er erreichte ihn gerade, als er sein Zigarrenstummel wegwarf. Kerr blickte nach unten, aber als er seinen Namen aussprach, blickte er schnell auf. Danach erzählte er seiner

Frau, dass in seiner Stimme ein *lebendiger Ton* liege , der ihn davon überzeugt habe, dass er doch keine Mumie sei.

„Ich möchte mit dir reden", sagte Danby mit einem seltsamen neuen Eifer, der in ihm fast unartikuliert wurde. „Es ist eine absurde Frage, aber ich tappe wirklich im Dunkeln – wer ist Miss Marlowe?"

Kerr starrte ihn verständnislos an. Sein Abscheu vor der seiner Meinung nach komplizierten Frage spiegelte sich in seinem Gesicht wider. Danby hat es gesehen. Für einen Moment blitzte ein gefährlicher Zorn in seinen Augen auf – aber war es schließlich nicht die Art der Welt, eher nach der bösen als nach der guten Konstruktion zu urteilen? Es gab auch ein Element der Absurdität in der Frage, ob es aufrichtig sei. Er war sich dessen so sehr bewusst, dass er seine Unwissenheit vor Ambrose Piton geheim hielt.

„Ich halte Miss Marlowe nicht für eine Betrügerin", sagte er lächelnd. „Ich weiß, dass sie sie selbst ist, aber wer sind ihre Leute? Ich bin zu dem Schluss gekommen, dass sie aus einer Familie stammte und wahrscheinlich Schwestern hatte, ältere Schwestern. Zufälligerweise haben wir uns noch nicht mit Fragen der Verwandtschaft beschäftigt, die über ihren Großvater hinausgeht. Entschuldigen Sie, aber ich muss fragen, ob sie in irgendeiner Weise über dem Durchschnitt liegen – sozial, meine ich? Gibt es irgendetwas Besonderes an ihren Umständen?'

„Sie ist eine Erbin", sagte Kerr. „Die Marlowes sind Landbewohner mit schönen Anwesen in Yorkshire und Dumfries. Ihr Vater war ein Einzelkind, sie ist dasselbe, und es gibt keine Folge.'

Er dachte einen Moment über den elektrisierten Ausdruck in Danbys Gesicht nach, und als er sah, dass dieser in einen unwillkürlichen Anflug von Abscheu überging, warf er alle Zurückhaltung in den Wind.

„Komm raus", sagte er. „Es ist einfacher, im Gehen zu reden, und es ist notwendig, dass wir uns als zwei vernünftige Wesen erweisen."

Er hakte sich bei Danby ein, und sie gingen die Stufen wieder hinunter auf den Bürgersteig. Schweigend gingen sie die Straße entlang. Als sie sich dann umdrehten und ihr Tempo verlangsamten, lockerte er seinen Griff und lachte.

„Ich hätte den starken Wunsch, für Theo zu kandidieren", sagte er; „Aber ich wollte mich auch dagegen wehren. Deshalb habe ich gewaltsam Besitz ergriffen. Sie hätte dich vielleicht für einen Humbug gehalten; Ich tu nicht. Aber Schau mal, mein Guter, du musst nicht so aussehen. Sie müssen bedenken, dass Sie sich dafür entschieden haben, im Dunkeln zu tappen. Ich hätte jederzeit jede Frage beantwortet, aber da Sie keine gestellt haben, kam ich zu dem Schluss, dass Sie aus anderen Quellen wussten, worum es ging – vielleicht aus sich selbst. Außerdem wussten weder Theo noch ich etwas darüber. Wir waren völlig überrascht. Wissen Sie, Theo hat, ich bin mir nicht sicher, ob Sie es wissen, in Athen Briefe mit der traurigen Nachricht von der Witwenschaft ihrer einzigen Schwester gefunden, und ich fürchte, sie hat einige Zeit danach nicht ausreichend an Cynthia gedacht. Cynthia war in unserer Obhut. Wenn ich gewusst hätte, was Sie meinen, hätte ich Ihnen geraten, sich an Admiral Marlowe zu wenden. Aber bis wir, Cynthia und ich, neulich hier auf dich stießen, du erinnerst dich, als wir uns auf den Weg nach Elizabeth Castle machten, hatte ich nicht den geringsten Verdacht von deinen Absichten. Cynthia sagte natürlich nichts; und angesichts deiner Bindung, Du hast dich sehr wenig aufgedrängt. Cynthia hatte viele Heiratsangebote. Ich glaube, sie hatte Angst davor, ihres Geldes wegen verheiratet zu sein; Die Tatsache Ihrer Unwissenheit wird sie entzücken – hat es tatsächlich getan, denn sie hat es nach Theo benannt. Aber es war ein schwerer Schlag für meine Frau Danby; und wie ein Mensch ist sie gerade jetzt nicht bereit, das Beste von dir zu denken. Ihr Bruder ist seit vielen Jahren an Cynthia gebunden, und solange sie an niemand anderem hing, hätte er nicht aufgehört zu hoffen, sie für sich zu gewinnen. Sie müssen wissen, dass es in Cynthia etwas gibt, das eine sehr tiefe und mehr noch, eine sehr reine Leidenschaft weckt."

Danby nickte, hielt inne und zündete sich mit leicht zitternden Fingern eine Zigarette an. Das Flackern des Streichholzes warf einen Augenblick lang Licht auf sein Gesicht und ließ es totenbleich erscheinen. Kerrs gute Meinung von ihm nahm für einen Moment zu.

„In ihr steckt eine Fülle weiblicher Selbstachtung, die heutzutage nicht mehr *das* charakteristische Merkmal des Geschlechts ist", sagte Kerr sie gingen langsam wieder weiter. „Sie wollte aus Liebe heiraten und verheiratet sein; Letzteres war in ihrem Fall eher eine Schwierigkeit. Du hast es geschafft, Danby. Jetzt bleibt dir nichts anderes übrig, als deinen Stolz einzustecken. Sie müssen die Rentenliste von Marlowe einstecken, vielleicht um Danby-Marlowe zu werden, wenn der Admiral grob und diktatorisch vorgeht. Er ist an einen Kriegsmann und kompromisslose Disziplin gewöhnt, wissen Sie? Aber wenn jemand dafür sorgen kann, dass alles glatt läuft, dann ist es Cynthia. Seien Sie geduldig und unterwürfig, es wird eine kluge Entscheidung sein. Und eines ist sicher –" Er brach abrupt ab.

'Was ist das?' sagte Danby und stellte erstaunt fest, dass seine Stimme kaum hörbar war.

Kerr lachte.

„Ich habe nicht die Aufgabe, ihre Gefühle zu analysieren", sagte er. „Aber sie ist eine Frau, über die man irgendwie nachdenken muss, und nicht nur, sich vor ihr zu verbeugen und vorbeizugehen. Ich vermute mal, dass du es vom ersten Moment an gespürt hast. Es ist bei jedem das Gleiche. Wir gingen neulich nach St. Brelade's; Ich weiß nicht, ob du es kennst, schöner Ort! Sie wollte einige Leute sehen, Verwandte ihres Agenten, glaube ich; Einer von ihnen war ein sehr schlauer alter Mann. Er empfand einfach das Gleiche für sie und drückte es Theo gegenüber aus; man beobachtet sie.'

'Ja?'

„Nun, ich habe sie beobachtet. Ich habe gesehen, wie es war. Ich sagte es Theo, aber sie wollte es nicht sehen. Tatsache ist, Danby, du bist ihre Wahl; Sie hat sich bewusst für dich entschieden. Siehst du nicht alles?' Er lachte erneut, unbeholfen.

Danby fühlte sich schwerfällig. Er konnte nicht sicher sein, dass er es tat. Kerr ergriff erneut seinen Arm.

„Bei meinem Wort fühle ich mich ziemlich sentimental", sagte er. „Aber man möchte, dass sie glücklich ist." Sie ist die Art von Geschöpf, zu der man sagen würde: „Alles Glück sei mit Dir!" ja, auch durch göttliches Recht. Tatsache ist, dass sie sich um sie kümmert Du ungemein. Es würde ihr das Herz brechen, wenn etwas schiefgehen würde. Sie machen sich nur um ihretwillen den Forderungen des Admirals hin. Sei kein Dummkopf.'

Sie hatten wieder den Portikus von Bree's erreicht. Beide warfen ihre Zigarettenstummel weg und vermied es, einander anzusehen. Sie gingen hinein, Kerr voraus. Andere waren in der Halle. Peter, der Oberkellner, schwenkte eine Serviette und teilte einer Dame, die immer mit „lieben Geschöpfen" in Form von zwei Dackelhunden reiste und immer den Eindruck machte, nicht zu wissen, was es war, flüchtige Informationen über die Vorschriften des Hotels mit von ihnen erwartet. Danby ging geistesabwesend an ihnen allen vorbei. Dann drehte er sich plötzlich um, ging zu Kerr zurück, wo er seinen Hut aufhängte, und nahm seine Hand. „Das schwöre ich", sagte er.

Kerr ging zu Bett und dachte tief nach. Er erzählte Theo alles und ärgerte sich darüber, dass sie nicht auf seine neugeborene Begeisterung reagierte. Sie entschied sich immer noch dafür, Danby als eigennützig zu betrachten. Kerr schwor, dass er es nicht war. Er fragte sich, warum und wie – mit der Kraft der Emotionen, die er in seinen Augen gesehen hatte und die unter dem Eis seines Verhaltens lauerte; dieser Mangel an Selbstsucht, bei dem maßvolle Töne seine Meinungen innerhalb des Kreises seines eigenen Seins einzuengen schienen – Danby hatte so lange darauf gewartet, zu lieben? Dass er jetzt wirklich liebte, daran hatte er keinen Zweifel mehr.

„Er verehrt sie genauso wie Tony", dachte er. „Er ist nicht verblendet, das ist Hochmut." Bei Gott, was für einen Blick hatte er, totenbleich. Er ist in sie versunken. Nun gut, es ist ein weiterer Fall der alten alten Geschichte vom Feinsten.'

Und er hatte befürchtet, dass Cynthia einen Fehler machen würde! Der Glaube hatte ihn bei beidem im Stich gelassen.

# KAPITEL XII

## GEGENMEINUNGEN BEI OLD LAFER

An dem Tag, als Danbys Brief an den Admiral eintraf, hatte auch Cynthia einen. Es war das wichtigere der beiden; Hätte der Admiral es gesehen, hätte er wütend geschossen, weil er den Inhalt vermutet hatte. Aber sie erhielt es vor dem Frühstück in ihrem eigenen Zimmer. Sie wusste, was darin stand, als ihr Blick auf den Umschlag fiel. Nichts Geringeres als ein Foto könnte da sein. Sie hatte darum gebeten.

Als sie wenig später die Galerie betrat, verschwand Mrs. Hennifer gerade die Treppe hinunter. Sie rannte hinter ihr her und brachte sie zurück, legte ihr das Foto in die Hand und betrachtete es über ihre Schulter.

Es war ein bemerkenswertes Gesicht, und Mrs. Hennifer wusste sofort, dass sie es schon einmal gesehen hatte und dass Cynthia den Mann heiraten würde, mit dem Mrs. Severn einst verlobt war. Allerdings war es damals nicht durch die sardonische Schärfe besiegelt, die es heute kennzeichnete. Danbys Leben hatte in Indien verbracht, aber seine Haut war immer noch wie in seiner Jugend außergewöhnlich weiß, außer am Kiefer und an der Oberlippe, wo sie durch gründliches Rasieren indigofarben gefärbt war. Die Merkmale waren eher geformt als gemeißelt. Die Augen hatten einen geraden Blick von durchdringender Härte, der zwar starr blieb, aber dennoch über das angeschaute Objekt hinauszugehen schien und daher nicht als anstößig angesehen werden konnte. Sie konzentrierten das Interesse des Gesichts. Die Pupillen hatten die Undurchsichtigkeit von Marmor, aber Mrs. Hennifer wusste, dass das strahlende Violett der Iris besaß die Fähigkeit einer Seeanemone, sich zusammenzuziehen und auszudehnen. Hätte sie Danby nicht gekannt, hätte sie diese Augen verabscheut, da sie das verkörperten, was ein böser Mann erwidern und was eine gute Frau verübeln würde; Der eine entdeckt zu viel Wissen, der andere die Nähe des Bösen. Aber sie kannte ihn als jungen Mann und erinnerte sich an die tödliche Qual verschwendeter Zärtlichkeit, die sie ihr einst entgegengebracht hatten. Warum sollte ihre geliebte Cynthia die Sühne für diese Qual sein? Sicherlich war es unnatürlich, dass ihr junges und leidenschaftliches Leben sich für die gedämpften Gefühle eines Mannes entschieden hatte, dessen Gefühlsdrama sie vor Jahren selbst miterlebt hatte, als sie und ihr Mann auf derselben indischen Station waren. Sollte sie, muss sie Cynthia das alles erzählen? Oder hatte Danby selbst? Wusste er, dass Clothilde in Old Lafer war?

„Gefällt es dir?" sagte Cynthia schließlich.

Mrs. Hennifer seufzte unwillkürlich.

„Es ist der Gegenpol zu deinem, Liebste."

'So dunkel? Aber das war auch bei Anthony der Fall.'

„Und der Ausdruck –"

'Ja. Theo gefiel es nicht, als wir uns das erste Mal trafen. Ich habe damals nicht an ihn gedacht. Aber jeder kann nicht so sein wie Anthony – diesen furchtbar süßen Blick haben, wissen Sie."

„Dieser Blick wäre dir in Schmerzen oder Schwierigkeiten sehr lieb geworden."

Cynthia errötete und schüttelte dann den Kopf.

„Das liegt mir jetzt sehr am Herzen", sagte sie. „Und ich habe das Gefühl, dass Lucius Glück und Helligkeit will und ich sie geben kann." Manchmal brachte mich Anthony fast zum Weinen, und es ärgerte mich immer, dass ich zumindest nicht geben konnte, was er wollte –" Sie stockte und wandte sich ab.

„Niemals, mein Schatz?" sagte Frau Hennifer wehmütig.

'Einmal. Es gab einen kleinen Moment, in dem ich es hätte tun können. Aber es war nur ein Moment", fügte sie fröhlich hinzu. „Und nun ist das Blatt für immer abgewiesen, und ich werde lernen." jeden Tag und jede Stunde, was Lucius will und wie man ihn glücklich macht.'

„Obwohl er so viel älter ist als du? „Vielleicht bist du noch vor vielen Jahren seine Krankenschwester, Cynthy."

„Unsinn, so alt ist er noch nicht", sagte sie mit strahlender Ungeduld. „Ich kenne sein Alter, er ist in der Blüte seines Lebens." Aber angenommen, er wäre behindert, dann wäre ich lieber seine Pflegerin, als mit irgendjemand anderem herumzutollen.'

„Es kommt mir so seltsam vor, dass er nicht schon verheiratet sein sollte –"

„Ja, das tut es, das gestehe ich", sagte sie und verfiel in die Schwerkraft. „Das habe ich auch gedacht und es ihm gesagt. Natürlich konnte ich nicht erwarten, dass er nie einen Eigensinn gehabt hatte, bevor er mich traf. Ich glaube, zum Teil liegt es daran, dass er in Indien gelebt hat, und zum Teil vor allem, weil er einmal einen – aber warum sollte ich es Ihnen sagen?" fügte sie hinzu und brach mit einem Kopfschütteln und einem Lachen ab. „Er hat es mir gesagt. Das ist ausreichend. Da war schon jemand, ich Ich kenne nicht einmal ihren Namen – es war natürlich; Du verstehst? Aber jetzt bin ich es? Ich bin ganz an der Reihe. Er liebt mich sehr. „Oh, ich weiß, ich werde ihn glücklich machen, und das ist alles, was ich will."

Dieser Stimmung war nichts entgegenzusetzen. Frau Hennifer verfügte nicht über Kräfte, um den Feind zu kontrollieren, sie konnte sich nur dazu entschließen, Erdwälle zu errichten, um ihre Position zu befestigen.

Sie ging heute zur Taufe nach Old Lafer. Mrs. Severn ging es nicht gut, und der Termin wurde verschoben. Diesmal hatte sie eine kluge Vermutung über die Ursache ihrer Invalidität und räumte ein, dass es einen Grund dafür gab. Die Situation war so, dass eine bessere und selbstbeherrschtere Frau vielleicht eingeschüchtert gewesen wäre, wenn sie wüsste, aus was für kompromissloser Ehrlichkeit ihr Mann geschnitzt war. Ein Flüstern hatte die Halle erreicht, dass sie wieder in den Mires gewesen war. Als Annas Verlobung bekannt wurde und Mrs. Hennifer mit Glückwünschen zu Old Lafer geeilt war, hatte Anna selbst dies versehentlich zugegeben: und sie stellte fest, dass es am selben Tag war, an dem sie angerufen hatte, um Cynthias Verlobung bekannt zu geben. Für sie bestand kein Zweifel daran, dass der Name Lucius Danby sie damals aus ihrem Zuhause vertrieben hatte. Es bestand auch kein Zweifel daran, dass sie der Situation begegnen musste, indem sie sich so wenig wie möglich in die Aufmerksamkeit drängte, und schon gar nicht, indem sie sich ihrer alten Frechheit hingab, in die Mires zu fliehen.

Um elf Uhr kam die Kutsche vorbei und klapperte über die Fahnen des Hofes. Mrs. Marlowe wollte sie zur Kapelle der Ruhe in East Lafer begleiten, wollte aber nicht raus. Es war ein heißer Septembertag, aber die Kutsche war mit so vielen Kissen und Decken vollgestopft, als wäre die Jahreszeit arktisch. Ein dicker Mops wurde von einem Lakaien in eine Ecke gehoben, wo er keuchend in nutzlosem Protest gegen die Täuschung lag, dass er die Luft verschlang. Mrs. Marlowe, in einem zimtfarbenen Seiden- und Samtmantel und einer Haube, deren Der mit Spitzen besetzte Schleier hing ihr bis zur Taille und stieg schwach die Stufen hinab. Der Admiral war immer für sie da. Seine stämmige kleine Figur wurde durch eine lederfarbene Weste und ein Bündel Robben, die an der Halskette baumelten, hervorgehoben. Mrs. Hennifer war frisch wie eine Quäkerin in schwarzem Satin und dem üblichen orientalischen Schal mit Fransen. Aus der Gruppe wehte der Duft von Tonquinbohnen. Cynthia ging nicht. Ihr Reitpferd wurde auf und ab geführt, und sie erschien in ihrer Kutte in der Halle, als die Kutsche davonrollte. Sie und der Admiral wollten einen ihrer Lieblingsausritte am Morgen unternehmen und dabei einige der Farmen im Landesinneren umrunden, auf denen Reparaturen durchgeführt wurden, und beide wussten, dass ihr Gespräch heute ernst sein würde. Sie wollte, dass Danby sofort die Erlaubnis erhielt, nach Lafer zu kommen.

Ein oder zwei Stunden später war die Taufgesellschaft nach Old Lafer zurückgekehrt. Der Leng wehte dieses Jahr spät, und die Moore waren immer noch in ihrer Pracht und rollten sich jenseits der Biegung in Windeseile zusammen Schleier von Lila. Borlase, der nach dem Abendessen im Garten herumlungerte, bis Annas Hausfrauenpflichten es ihr erlaubten, sich ihm anzuschließen, beschattete seine Augen, um sie anzusehen. Wie herrlich schön und doch wie ruhig und bewusstlos waren sie! Stoppelfelder schimmerten zwischen dem sanften, nebligen Grün der weitläufigen Ebene. Die Bäume in der Kieme unterhalb des Hauses waren regungslos. Es wehte keine Brise. Das Murmeln des Baches lag in der Luft; ab und zu summte eine Biene über den Rittersspornen und Lilien unter der Mauer.

Als Anna erschien, trug sie einen kleinen Tisch, und die Kinder hatten Obstteller dabei. Der Nachtisch wurde auf der Rasenfläche in der Mitte von Madams Garten angerichtet – Pfirsiche und Grünkohl, Biskuitkuchen, die Anna geschlagen hatte, und Lehrplan, alles auf weißem Gitterporzellan. Die bunten Blumenrabatten leuchteten dahinter; in den Bäumen über ihnen war ein Bienengemurmel zu hören; In der Ferne lag die schillernde Ebene abwechselnd in Schatten und Glanz unter den segelnden Wolkenschatten. Antoinette, Emmeline, Joan und Jack tummelten sich in ihren holländischen Kitteln und römischen Schals von der Wiese bis zur Kieme. Mr. Severn und Tremenheere schlenderten aus dem Haus – Mr. Severn mit einer Karaffe Rotwein, die der Kanoniker seiner Meinung nach austrinken sollte; Tremenheere selbst war sich des Charmes des Ortes mehr bewusst als seiner herkömmlichen Accessoires und beschloss, einen Spaziergang über das Moor zu machen, als die Schatten länger wurden und die Abendbrise das Zirpen der Heuschrecken zum Schweigen bringen und durch den Leng rauschen sollte.

Die Damen wurden im Salon zurückgelassen. Mrs. Severn war in ihren weiten schwarzen Vorhängen vom Esstisch weggeschwebt, mit einem Gesicht, das so weiß war, dass Borlase sie immer noch für eine orthodoxe Patientin halten musste. Mrs. Hennifer bestand darauf, sie mit hochgelegten Füßen auf dem Sofa zu platzieren. Der Salon mit seinen verblassten, mit Rosen bekränzten Chintzstoffen, die auf den Stühlen wehten, seinen sanft schwingenden Gardinen und den mit Eichenholz getäfelten Wänden war kühl und ruhig. Mrs. Hennifer setzte sich auf einen Stuhl am Fenster. Sie hatte Lust, ein Nickerchen zu machen. Es war angenehm anregend zu glauben, dass ein Nickerchen Mrs. Severn sicherlich erfrischen würde. Sie durchsuchte ein Manuskriptbuch mit Liedern nach einer Gitarrenbegleitung und bemerkte, dass Clothilde bald die Augen schloss und ihren Kopf auf die Kissen fallen ließ. Dann schloss sie sofort auch ihre, wobei sich ihre kantige Figur angenehm entspannte und so etwas nachlässiges Wohlfühlen erreichte. Sie hatte es kaum getan, als Mrs. Severn das Wort ergriff.

'Maria!'

'Ja.'

Mrs. Hennifer richtete sich augenblicklich wieder auf, eher wütend als verlegen. Sie war überzeugt, dass Mrs. Severn nur darauf gewartet hatte, ihr den Wunsch nach einem Nickerchen zu verraten, nur um ihn sofort zu vereiteln.

„Dachtest du wirklich, dass ich schlafen gehen wollte, Mary?"

'Sicherlich. Du bist müde und es ist so ruhig hier. Du scheinst nicht aufgestanden zu sein Stärke gut. Du siehst nicht besser aus als damals, als ich dich das letzte Mal gesehen habe – im Juli, nicht wahr?'

„Nein, später." Der Tag, an dem Sie vorbeikamen, um mir von Miss Marlowe zu erzählen, wissen Sie. Ich gestehe, ich glaube, es ging mir seitdem nicht mehr gut. Du musst mir jetzt doch noch etwas mehr zu sagen haben, nicht wahr?'

'Wie wäre es mit?' sagte Frau Hennifer und richtete ihren Blick scharf auf sie. Mrs. Severn ging ihnen aus dem Weg; Ihr Blick folgte träge dem Spiel ihrer eigenen Finger durch den Rand der über ihr geworfenen Bettdecke.

„Na ja, wissen Sie – über Miss Marlowe."

Mrs. Hennifer musterte eine Zeit lang schweigend ihr Gesicht, aber die Abwesenheit von Farbe wurde durch die Abwesenheit von Ausdruck ausgeglichen.

„Clothilde", sagte sie, „wir werden uns nicht mit Anspielungen befassen." Es ist abscheulich. Warum sagen Sie nicht wie eine ehrliche Frau: „Haben Sie Lucius Danby schon gesehen? Ist er der Mann, mit dem ich einst verlobt war?" Es ist völlig natürlich, ja sogar notwendig, dass Sie das tun Ich interessiere mich immer noch in diesem Ausmaß für ihn. Denn du musst ihm aus dem Weg gehen. Aber dieses Herumhängen mit einer Liebesaffäre, die einem selbst völlig entehrt, ist abscheulich. Sie haben sich vor Jahren dafür entschieden, sich aus seinem Leben zu tilgen, und Sie haben sich nicht dafür entschieden, Ihrem Mann Ihre Schande zu gestehen; Und obwohl die Umstände so grausam sind, dass Sie sich jetzt an alles erinnern müssen, kann dies nur geschehen, um sich die Notwendigkeit einer würdevollen Zurückhaltung einzuprägen. Wenn Sie jemals gezwungen sind, ihn zu treffen, dann als verheiratete Frau und Mutter von Kindern, als Ehefrau des Mannes, der praktisch sein Oberdiener sein wird.

„Dann ist es wirklich derselbe Lucius?"

„Es ist derselbe Mr. Danby."

„Und er ist in Lafer?“

„Überhaupt nicht, wie Sie wissen, denn Severn hätte es so genannt. Im Falle einer Miss Marlowe müssen viele Vorbereitungen getroffen werden. Cynthia war bewusst, dass. Sie kam nach Hause, um den Weg zu ebnen. Der Admiral war sehr verärgert.'

„Ich glaube, er wollte, dass es scheitert, sobald sie sich durch ihre Heimkehr getrennt haben.“

„Er hat die Trennung nicht verursacht.“ Sie wusste, was ihm und ihr selbst zusteht —“

„Warum hat sie sicherlich nicht mehr an ihre eigene Würde gedacht als an Lucius?“ sagte Mrs. Severn mit einem ihrer leisen Lacher.

„Ihre eigene Würde!“ wiederholte Frau Hennifer. „Sie hat getan, was richtig war, Clothilde, ob aus Instinkt oder Absicht, ich weiß es nicht.“ Sie hat klug gehandelt. Der Admiral sieht ihre stille Entschlossenheit und respektiert sie. Er versöhnt sich allmählich und Cynthia wird bald ihren Willen durchsetzen.'

„Sehr tief von ihr“, sagte Mrs. Severn; „Ich denke, Sie werden von der neuen Phase ihres Charakters beeindruckt sein. Man hätte nicht gedacht, dass sie solch ein Management hat, würdest du? Er ist also nicht vorbeigekommen und hat es geschafft, sie zu sehen?'

Mrs. Hennifers kochende Empörung ließ nur ejakulatorische Refrains zu.

„Geplant, sie zu sehen?“

„Nun, ich meine, riskiert er nichts? Für mich ist das alles eine unglaublich coole Transaktion. Natürlich wusste er, dass sie eine Erbin war?'

„ *Erbin!*“ *Transaktion!* Mein Wort, Clothilde, ich könnte dich erschüttern! „Cynthia ist kein Mädchen, dem man auf einer Gasse begegnet“, rief Mrs. Hennifer atemlos. „Das nächste, was Sie behaupten werden, ist, dass er sie heiraten wird, um in Ihrer Nähe zu sein. Absurd! Du verstehst es nicht. Er wusste nicht, dass sie eine Erbin war, als er ihr einen Heiratsantrag machte. Du wirst dich entscheiden müssen, ihn nicht Lucius zu nennen und auch zu Hause zu bleiben. Sie sind also noch einmal zu den Mires gegangen, nachdem ich an diesem Tag hier gewesen war? Sehr lobenswert! Und wie lange wolltest du dort bleiben? Zeit? Sie werden nie zufrieden sein, bis Sie einen Skandal verursacht haben. Ich nehme nicht an, dass Mr. Danby weiß, wo Sie sind oder irgendetwas über Sie, und dass er sich meiner Meinung nach auch weniger darum kümmert. Ich wundere mich, dass Sie nicht daran gedacht haben, ihn schriftlich über die interessanten und erfreulichen Tatsachen zu informieren. Ah! Aber ich nehme an, Sie kennen seine Adresse nicht? Nun, er wird bald bei Lafer sein.'

„Ich würde nicht daran denken, ihm dort zu schreiben.“

„Das glaube ich tatsächlich nicht.“ Ich rate Ihnen nicht einmal, ihn um Gnade zu bitten, indem Sie Severn nicht ins Gesicht sehen. Überlassen Sie es ihm. Er wird Severn bald so sehr respektieren, dass er ihn nicht demütigen möchte. Aber Sie haben sicher nicht ernsthaft daran gedacht, ihm zu schreiben?'

Mrs. Severn lächelte und für einen Moment flackerte eine schwache Farbe in ihr Gesicht.

„Das habe ich“, sagte sie; „Ich gestehe die Torheit. Du weißt, dass ich wieder zu den Mires gegangen bin – hast du es gehört? Ich habe damit begonnen, ihm einen Brief zu schreiben Tag, um ihm zu sagen, wo ich war. Es schien das Beste zu sein, dass er es wusste. Ich schrieb es auf das Moor und erschrak, als jemand auf mich zukam. Ich steckte es in ein Buch, das ich zum Lesen mitgenommen hatte, ließ es in der Eile fallen und dachte wochenlang nicht mehr daran.'

„Brief und so? Ich glaube, Sie haben sich gefragt, ob sie jemals gefunden wurden.'

„Das habe ich tatsächlich. Aber ich wage kein Wort über sie zu sagen.'

„Und was hat dich dazu gebracht, mir die Wahrheit zu sagen, nicht wahr? Du hast nicht die Angewohnheit, die Wahrheit zu sagen, Clothilde.'

„Du bist sehr hart zu mir“, murmelte sie.

„Gott weiß, dass ich das nicht möchte“, platzte Mrs. Hennifer mit plötzlich zitternder Stimme heraus. „Seien Sie hart zu sich selbst.“ Es scheint mir, so unvorstellbar es auch sein mag, dass Sie mit Erinnerungen herumspielen, bei denen es reine Bosheit wäre, sich damit zu beschäftigen. Du hast gespielt einmal mit ihm; Um Himmels willen, mach keine Scherze mit dir selbst.'

Mrs. Severn bewegte sich unruhig. In der Nähe stand ein Palmblattfächer, und sie nahm ihn und hielt ihn an ihre Stirn. Mrs. Hennifer war mit aller Wachsamkeit und Energie der Beobachtung ebenso wie des Argwohns davon überzeugt, dass ihre Lippe zitterte. Ihr Blick war niedergeschlagen. Ihr Gesicht blieb jedoch blass und ruhig. Es war unmöglich, ihre Gefühlsphase zu beurteilen. Und in diesem Moment ließ sie ihre Füße auf den Boden gleiten, erhob sich, als wolle sie jeden Versuch von Mrs. Hennifers Seite vereiteln, dies zu tun, und setzte sich dann an das dunklere Ende des Sofas. Mrs. Hennifer, die jede Bewegung mit einer fast heftigen Eifersucht auf Cynthia beobachtete, bewunderte widerstrebend, während sie ihr misstraute. Das Profil ihres Gesichts und ihres Halses gegen die Täfelung wirkte wie ein Basrelief aus Elfenbein; Jede Geste hatte eine langsame und selbstverlassene Anmut. Sie betete, während sie ihr zusah.

„Es kam mir in den Sinn, dass er die Pitons besuchen könnte", sagte Mrs. Severn; „Ich nehme an, er ist nach Jersey zurückgekehrt, nachdem Miss Marlowe gegangen war. Wenn er dorthin ginge, würde Ambrose ihm wahrscheinlich alles erzählen. Ich weiß, dass Anna ihm von der Verlobung erzählt hat, als sie geschrieben hat, als Miss Marlowe dorthin ging.'

„Eine ausgezeichnete Gelegenheit, und ich hoffe, dass Ambrose sie bestmöglich nutzen wird." „In diesem Fall ist er mit allem *vertraut* , und wir brauchen uns keine Sorgen zu machen", sagte Frau Hennifer entschieden.

Danach saßen sie einige Zeit schweigend da.

„Clothilde, liebst du deine Kinder sehr?" sagte Mrs. Hennifer schließlich, halb bewusstlos, dass die Frage aus einem solchen Ansturm weitschweifiger Gedanken entstanden war, dass alles, was gesagt worden war, belanglos vorgekommen sein musste.

'Das nehme ich an. Sie sind gutaussehend. „Ich bin immer dankbar, dass sie nicht schlicht sind."


„Du wirst Anna vermissen, oder besser gesagt, vielleicht werden sie es vermissen."

„Anna kann noch nicht verschont bleiben." Ich halte Herrn Borlase für einen sehr egoistischen und rücksichtslosen Mann, aber ich war wirklich zu verärgert, um es ihm zu sagen. Ich habe es Anna jedoch gesagt.'

„Sagt Mr. Severn, dass sie nicht verschont bleiben kann?"

'John? Du weißt, was John ist – er ist verrückt danach, Menschen glücklich zu machen, wie er es nennt. Er sagte, er sollte sie haben, wenn er sie wollte. Ich bin es, der den gesunden Menschenverstand hat. Ich sagte ihm, dass ich sie nicht entbehren könne, bis Antoinette alt genug sei, um ihren Platz einzunehmen; und ich sagte Anna, Mr. Borlase könnte sterben und sie als Witwe ohne einen Heller zurücklassen. Ich denke schon, dass John, der ihr all die Jahre ein Zuhause gegeben hat, uns als erstes in Betracht ziehen sollte. Aber jeder einzelne scheint sehr schwer zu überzeugen.'

Während sie sprach, stand sie auf und ging zum Klavier. Während ich etwas Musik umdrehe Sie sagte mit leiser, glockenklarer Stimme: „Miss Marlowe war neulich hier und erzählte uns von ihrem Besuch bei den Pitons in Rocozanne." Aufgrund ihres Verhaltens dachte ich, dass du ihr damals nichts von mir erzählt hattest. Bist du seitdem?'

Mrs. Hennifer sprang auf und warf das Buch, das sie festhielt, mit einer Heftigkeit auf den Tisch, die sogar Mrs. Severn erschreckte. Sie sah sich hastig um.

„Clothilde", sagte sie, „wie kannst du mich quälen?" Das ist Folter. Weißt du nicht, dass ich Cynthia Marlowe von ganzem Herzen liebe – tausendmal mehr als je zuvor, mit der törichten Verehrung deiner oberflächlichen Schönheit? Der Gedanke, dass sie jemals einen Moment lang seelische Schmerzen haben sollte, trifft mich zutiefst. Glauben Sie nicht, dass der Admiral die Heirat möglicherweise nicht tolerieren würde, wenn er wüsste, dass ihr zukünftiger Ehemann von Ihnen im Stich gelassen wurde? Und ihr Herz könnte angesichts des Elends brechen; Der Admiral darf Lebe zwanzig Jahre! Und wie soll ich es ihr sagen – und wie soll ich es doch unerzählt lassen?' Ihre Stimme sank, und sie fügte dies mehr in sich selbst als laut hinzu.

'Oh! „Sie muss es wissen", sagte Mrs. Severn in sachlichem Ton.

Mrs. Hennifer sah sie schnell an.

„Entweder sieht man es nicht aus der Perspektive eines anderen, oder man will alles abbrechen", sagte sie.

„Nein, nein! Nur wir werden uns treffen, und er wird etwas verraten.'

„Du verlässt Old Lafer selten, Clothilde."

„Trotzdem gehe ich gelegentlich nach Wonston, esse im Hall und die Marlowes besuchen mich. Weißt du, Mary, jeder weiß, dass ich etwas anderes bin als John. Und Lucius weiß vielleicht schon, dass ich hier bin.'

Frau Hennifer dachte einen Moment nach.

„Eines ist sicher", sagte sie trocken, „du musst dich von deiner alten Angewohnheit befreien, ihn Lucius zu nennen, und damit du Wenn sie ihr gegenseitiges Vertrauen deutlich verstehen, wird *er* ihr sagen, wer ihr seid.'

Für einen Moment trafen sich ihre Blicke. Mrs. Severn warf einen stechenden, trotzig appellierenden Blick zu, und ihr ganzer Körper schien zu zittern.

Aber was auch immer ihre Angst war, sie besiegte sie und legte ihren Arm unter den Arm von Frau Hennifer und schlug vor, dass sie in den Garten gehen sollten.

# KAPITEL XIII

## SCILLA GRÜNDE MIT HARTAS

„Dann schaffst du es nicht, einen halben Tag zu arbeiten?"

„Nein, das werde ich nicht. Ich wundere mich, dass Sie Lust hatten, zu mir zu kommen und mich zu fragen. Du weißt, dass ich das nie tun werde, schon gar nicht an einem Freitag. Es widerspricht dem gesunden Menschenverstand zu glauben, der Allmächtige bedeute, dass man eine Woche aussetzen soll, wenn er in den ersten vier Tagen einen starken Regenguss geschickt hat. Ich werde mir keine Mühe geben, diesseits des Sabbats an die Boxen zu gehen.

„Du bist vielleicht der religiösste Mann im Land, Hartas."

„Es ist keine Religion." Es ist gesunder Menschenverstand. Der Sabbat ist ein Meilenstein; Es wird auf beiden Seiten von mir fällig sein. Ich werde mich nicht trennen eine Woche oder zwei Tage. Wir haben letztes Wochenende ein halbes Dutzend Ladungen Zeug an der Schachtmündung zurückgelassen, und bei diesem Sturm wird kein Karren überqueren, um festzumachen. Es kann sein, dass sie heute dick werden, und wenn Sie gerne hingehen und auf Kunden warten möchten, können Sie das tun.'

Dick Chapman lachte wütend.

„Wenn es darum ginge, ein paar Kaninchen zu fangen, wäre keiner daran interessiert, und Sie selbst auch nicht", sagte er. „Ich kann nicht alleine in die Grube fallen, und als Reuben weg ist, bleibe ich im Stich." Und nächste Woche ist Martini.'

„Das weiß ich."

„Und das werde ich wohl auch nicht teilen, denke ich."

„Martinmas ist ausgefallen."

„Ah! ah! Es gibt keinen Bummel, wo es kein Messing gibt, oder?"

»Messing! Wirklich Messing! Ich denke an Leute ohne Feuer und mit Freunden. Und jetzt hau ab, Dick. Ich verspreche dir vier Tage im Vorschiff. Wie geht es dir auf Nobbin?«

Ich wette, ich werde trockener bleiben auf meinen eigenen Beinen, und für Nobbin gibt es nichts zu tun, obwohl ihr verdammtes Hinterbein, wenn sie noch länger steht, steif genug für den Hufschmied wird."

„Ich werde auf Nobbin aufpassen."

„Ein einfacher Spaziergang entlang des Weges bringt nichts."

„Ich glaube, ich weiß inzwischen, dass ich dieses Glied brauche."

„Also gut, ich werde mich beeilen und nachsehen, was los ist."

Chapman schlenderte davon, schlug seinen Kragen hoch und drückte seinen Hut tief in die Stirn. Die Gruben lagen zwischen den Mires und Old Lafer im Moor über der Halle, und hier arbeiteten die drei kräftigen Männer der Mires zu jeder Jahreszeit, außer zur Heuzeit. Zur Heuzeit verdingten sie sich als Monatsarbeiter bei den Tieflandbauern. Ein kleiner Vorrat an Kohle reichte im Sommer aus, um die schwindenden Torfflächen in den Torfhütten auszugleichen und das Feuer am Schwelen zu halten, während der Haushalt auf den Wiesen arbeitete.

Aber es gab das ganze Jahr über Tage Als der wilde Westwind über Great Whernside fegte, heftige Regenstürme mit sich brachte und es „auf den Gipfeln so rau machte", dass kein Mensch ihm widerstehen konnte und sogar die Schafe ungezählt waren. Dann wurden die Tore zu den Mires fest verschlossen, es sei denn, eine Frau in Holzschuhen trabte herum, um einen Korb Torf zu holen, oder ein Mann schlenderte zum Sumpf hinab, um die schäumenden Bäche zu zählen, die sich dort ergossen. Dies, als es „wieder nachließ". Dann würde ein weiterer Sturm aus Wind und Nässe kommen und die ganze Welt bis auf einen oder zwei Meter an die Fenster der Hütte auslöschen.

Wenn es ein Wetter gab, das Scilla mehr verabscheute als ein anderes, dann war es Nebel. Ein Schneesturm oder eine Regenflut hielten Hartas zu Hause, aber zwischen den aufziehenden Nebelschwaden machte er sich auf den Weg zum Gasthaus in East Lafer, und wenn er nachts zurückkam, musste er einen Weg über den Bach, das Moor, überqueren -Strecke zum Zuschlagen und der Schacht zum Verfehlen. Es war nichts, als er fertig war durch Abrollen an den Schrägseiten der Mulde abrollen.

Heute war es neblig. Hartas war unruhig und sie war sich sicher, dass er nach dem Abendessen ausrutschen würde. Sie war bei Chapman's vorbeigekommen und hatte die Box vorgeschlagen. Doch ihre Hoffnung war gescheitert und sie erwartete eine Mahnwache. Sie hatte es nicht gewagt, ein Wort zu sagen, während die Männer redeten, damit Hartas aus offensichtlicher Sorge nicht widersprüchlich wurde. Aber trotz ihrer Nachsicht war er es gewesen. Es gab kein Management für ihn! Sie briet Speck und seufzte über der Pfanne, als die Gewissheit über seinen stürmischen Weg ins Verderben in ihr schlichtes Bewusstsein eindrang, ein Verderben, das für sie durch die Flammen symbolisiert wurde, die sich bei jeder Drehung der Gabel kräuselten und zischten und Fettspuren nach sich schossen zur Glut. Das war wirklich ihre Vorstellung von der Hölle. Sie hatte eine ebenso lebendige Vorstellung vom Himmel. Drei Meilen entfernt, pfeilgerade im Norden, lag Wherndale. Sie war oft zum Rand des Moores gelaufen, um nachzusehen Es. Sie umging einen tiefen natürlichen Graben rund um eine alte Copperas-Mine, rutschte die Müllrutsche hinunter und stürzte sich durch Farn, Binsen und Spagnum zu einem großen Felsen, der über das Tal hinausragte. Von hier aus war die Aussicht an einem schönen Sommerabend herrlich. Das westliche Tal lag in Sonnenstrahlen gebadet, die durch die dunstigen Hitzenebel fielen, die die Berge einhüllten; der Osten war von Sonnenschein überflutet; die Meupher-Bergkette hob sich deutlich vom Himmel ab. Unten fiel das Moor abrupt in Wiesenland ab; Steine waren in titanischer Verwirrung unter den Leng verstreut; die Wiesen waren voller Mulden; die untergehende Sonne strömte durch das Laubwerk und warf lange Schatten von jedem Baum und Heuhecht; Über den Gehöften hingen blaue Rauchschwaden; hier und da schimmerte ein See wie ein Fluss. Scilla spürte, als die samtene Brise um sie wehte, dass hier der Himmel sei. Hat sie es nicht berührt, als selbst die Grasbüschel, über die sie ging, wie mattiertes Silber glänzten? und die gebogene Blume glänzte wie goldenes Tuch?

„Ich wünschte, der Nebel würde sich lichten", sagte sie, während sie das Abendessen auf den Tisch stellte und sie ihre Stühle heranzogen. „Wenn es so wäre, würde ich Nobbin besteigen und ihr eine gute Strecke geben, vielleicht besser, als du dir gedulden würdest." Wir dürfen nicht zulassen, dass sich ihr Bein verschlimmert.'

„Es wird nur schlimmer, wenn man im Stall steht." Wir haben nicht viel Arbeit für sie, die Spule an den Boxen aufzuwickeln; Mit doppelt so viel würde sie besser gedeihen, und das ist die Wahrheit. „Ich habe heute einen Extraauftrag für sie, und trotz des Nebels werde ich ihn ausführen."

„Na, Vater, nach diesen paar Tagen wird sie so steif sein!"

„Es klappt, je weiter sie geht, und wenn der Himmel vom Wetter gebeutelt ist, wenn es einen Riss gibt und der Martini-Feiertag bevorsteht, wird sie sich so stabil heben, dass ihr Bein stabil sein wird." Ihr Untergang ist jetzt.'

Scilla hörte mit einem Gefühl der Atemlosigkeit zu. Es kam selten vor, dass er so viel redete oder sie über seine Absichten informierte. Sie fragte sich, was der „zusätzliche Job" war, war sich aber so sicher, dass sie es wissen musste, dass sie ihre Neugier leicht verbergen konnte.

Hartas aß phlegmatisch weiter, indem er sein Fleisch mit der Gabel auf das Messer drückte und es von dort mit einer pumpengriffartigen Bewegung in den Mund führte. Als er fertig war, legte er sie kreuzweise auf den Teller, fuhr mit dem Handrücken über die Lippen, neigte seinen Stuhl und steckte seine Daumen in die Armlöcher seines Mantels.

„Heute gibt es bei Northside Edge ein Verkaufsangebot", sagte er.

'Ja. Arme Frau Carling, wie wird sie das empfinden!'

„Ich traf Luke Brockell vor ein paar Tagen, als ich in Wonston war, und er wollte seinen Trolley mitnehmen." Er hat seinen Trolley, aber er hat seinen Kerl verloren und ist in einen Anfall geraten.'

„Wie könnte er es dann aufnehmen, und welchen Nutzen hätte es?" Will er es zum Verkauf anbieten?'

Hartas kicherte und starrte sie mit einem finsteren Grinsen an.

„Du warst nie ein kluger Kerl, Scilla. Der ganze Glanz deines Verstandes ist in deinen Haaren verloren gegangen. Ich wusste das, als Kit dir Hasensuppe gab, und du hast nie erraten, was es war und woher es kam. Da, da, kein Grund zum Aufflammen! Was, da ist auch ein Schimmer in deiner Laune, oder?'

Scilla war totenbleich geworden und schob ihren Stuhl hastig zurück, wobei sie auf dem grob gepflasterten Boden ein raues Geräusch von sich gab, das Hartas irgendwie an den Klang erinnerte, den ihre Stimme gehabt hätte, wenn sie gesprochen hätte. Sie sah ihn mit bedrohlicher Verachtung an, während sie einen Moment lang dastand, ihre schlanke Gestalt auf dem Tisch balancierte und offenbar erwartete, dass er etwas sagen würde. Er tat es jedoch nicht und sie ging zur Tür. Sie öffnete es und lehnte sich gegen den Türsturz. Da war etwas Mitleiderregendes wie der Nebel, der die Welt in die Schwächung hüllte, die ihr Gesicht verdunkelt hatte. Die süße Klarheit der blauen Augen war verschwunden. Mehr als der Verdacht, dass Tränen ihre Lider belasteten und im Zittern ihres Mundes lauerten. Aber sie war entschlossen, nicht zu weinen. Es ging nicht darum, dem leichtfertigen Spott zum Opfer zu fallen, dass sie sich durch die Drangsal zu einer Ruhe durchgekämpft hatte, die – was auch immer die Erschütterungen der Zukunft sein mochten – anhaltend sein sollte.

Und in diesem Moment klarte der Himmel auf, und ein zunehmendes Licht, das sie, während sie Hartas' Vertraulichkeit in sich aufnahm, nicht bemerkt hatte, verwandelte sich in einen Sonnenstrahl.

Es fiel auf sie. Sie drehte sich um, ging wieder hinein und setzte sich auf die Bank. Ein Lächeln war über ihr Gesicht gehuscht.

„Ich weiß jetzt, was du meintest, Vater. Es war sehr dumm von mir, es nicht zu verstehen. Natürlich hast du Nobbin für Lukes Trolley angeboten, und jetzt gehst du mit ihr."

Sie sprach mit ihrer üblichen hellen Stimme, aber nicht in der Erwartung, ihn zu entwaffnen. Zu diesem Zeitpunkt ihrer teuer erkauften Erfahrung wusste sie genau, dass solche Männer nicht entwaffnet werden sollten. Immer mürrisch, seine Mürrischkeit variierte nur im Grad.

„Die Narren diesseits des Grabes mögen das weniger als anderswo", sagte
er. „Es stimmt, ich bringe Nobbin nach Northside Edge, aber das müssen
nicht alle Mires wissen." Es mag Dick Chapman bekannt sein oder auch
nicht, aber denken Sie daran, Sie sind dumm. „Ich habe Dick angeboten, sie
an die Box zu fahren."

Während er sprach und es vermied, sie anzusehen, schoss ihr eine
Vorahnung eines völlig formlosen, aber sehr entschiedenen Bösen in den
Sinn. Einen Moment lang zögerte sie, den Grundsatzgedanken
auszusprechen, der gleichzeitig über ihre Lippen kam. Aber das zu tun hätte
bedeutet, sich vor dem zu drücken, wovor er sich drückte.

„Natürlich gehört Nobbin zur Hälfte ihm", sagte sie.

Hartas antwortete nicht, sondern stand langsam auf.

„Und was sie verdient, muss ihm gehören, die Hälfte davon meine ich", sagte
sie mit noch mehr innerem Zittern, aber mehr äußerlicher Beharrlichkeit.
„Außerdem", fügte sie hinzu, stand ebenfalls auf und trat näher an ihn heran,
„glaubst du, dass sie für diese Arbeit geeignet ist, Vater?" Es ist gut und
schön, dass sie ein wenig humpelt, wenn sie nur an die Box geht, und oft
keine Arbeit hat, wenn sie dort ankommt. Niemand könnte uns ihr
gegenüber grausam nennen, sie ist –"

Hartas hob plötzlich die Hand und schlug zu. Aber es ging nur in die Luft,
und Scilla zuckte nicht zusammen, wie er gehofft hatte. Er würde sie nicht
ansehen . Um nichts wäre ihm bewusst gewesen, welchen Einfluss dieser
Blick in ihre ernsten, unerschütterlichen Augen gehabt haben könnte.

„Grausam zu ihr!" rief er mit seiner dicken Stimme, „sie ist so fett wie Butter,
und wenn wir geizen, hat sie ihr Fleisch." Komm, Scilla, worauf willst du
hinaus? Lasst uns Rätsel hinterlassen.'

„Das Gesetz", sagte Scilla mit einer Dringlichkeit, die ihr selbst wie
Verzweiflung vorkam. War das Gesetz nicht ihr Phantom, der schreckliche
Rächer, der ihre Schritte verfolgte und ihre Gedanken erfüllte? Sie liebte
ihren Mann von ganzem Herzen, aber in ihrer größten Loyalität betrachtete
sie ihn immer noch als Übertreter und nicht als Opfer. Für Hartas war er ein
Opfer, das Opfer widriger Umstände, einer Verkörperung der Bosheit in der
Gestalt von Elias Konstantin. Hartas Kendrews vorherrschender
Glaubensartikel war der, in dem Admiral Marlowe, Mr. Severn und Elias
Constantine untrennbar miteinander verbunden waren. Aber seine
Dreieinigkeit in der Einheit besaß, seiner verzerrten Argumentation zufolge,
eine Bösartigkeit, die nur Rachsucht fördern konnte.

„Das Gesetz", sagte Scilla erneut und brachte sich dazu auf, Berufung
einzulegen; „Lassen Sie uns nicht in die Nähe davon kommen." „Es scheint

unehrlich zu sein, das zu sagen", fügte sie hinzu und zögerte einen Moment, während ein Ausdruck der Verwirrung ihre Augen erfüllte, „als ob wir die ganze Zeit etwas falsch gemacht hätten, aber wissen Sie, dass viele Leute Nobbin in Northside Edge sehen werden, und wenn sie lahm wird –"


„Sie hat keine Wunde, und was ist schon ein Humpeln?" Sie ist nicht verstaucht. Sie ist gesund, das sage ich dir. D—— das Gesetz!'

Seine Gewalt überzeugte sie von seinen Bedenken. Es war also nicht so viel, was Nobbin an diesem Tag verdienen würde, eine Summe, die wahrscheinlich auf Chapmans Seite an der Box ausgeglichen werden würde, sondern das Risiko, das er einging, als er sie so weit von zu Hause wegbrachte, weckte in ihm den Wunsch, es ruhig zu tun. Aber warum das Risiko eingehen? Wo lag der Vorteil davon? Für Luke Brockell konnte es nur eine Frage der Bequemlichkeit sein. Sie kannte Luke und mochte ihn nicht. Nicht, dass sie jemals etwas Böses von ihm gehört hätte. Aber er hatte etwas Vorsichtiges und Verstohlenes an sich, das sie instinktiv verärgerte. Die Geradlinigkeit, die Hartas als Langsamkeit des Verständnisses interpretierte, ließ sie davor zurückschrecken, anderen interessierte oder unehrliche Motive zu unterstellen. Aber sie war oft dazu gezwungen. Und nun suchte sie nach einem Hinweis auf diesen Freundschaftsvertrag von Hartas mit einem Mann, der seinerseits gut daran täte, sich aus seiner Gesellschaft herauszuhalten.

Sie war zur Seite getreten und stand an die Rückenlehne gelehnt da, mit einer hängenden Figur, die ihre bestürzte Verzweiflung zum Ausdruck brachte. Was könnte sie noch sagen oder drängen? Für einen Mann mit dem Temperament von Hartas Kendrew war das Risiko noch aufregender. Darauf zu stoßen beschleunigte sein träges Blut in einem Ausmaß, das er mit Freude genoss; Das Scheitern nährte seine niederste Natur, der Erfolg war umso faszinierender, als er einen Triumph nährte, dessen größter Reiz in seiner Bösartigkeit lag.

„Du musst alles abgewogen haben, Vater", sagte Scilla schließlich schüchtern, blickte ihn wieder an und suchte in seinem Gesicht nach einer Bestätigung ihrer schlimmsten Befürchtungen. „Du weißt, dass, wenn irgendetwas schief geht, wenn du sie auf diese Weise ausziehst, Dick uns mit all ihrem Wert übertölpeln wird." Und obwohl sie für andere vielleicht nicht viel wert ist, ist sie es für uns."

---

„Du redest ziemlich buchmäßig", sagte Hartas mit einem höhnischen Grinsen. Es gefiel ihm, zu glauben, dass sie die ganze Situation begriffen hatte und sich entsprechend unglücklich fühlte. Aber waren ihre Bedenken

nicht letztlich rein weiblicher Natur? Seine waren diejenigen der
Männlichkeit. Er würde es wagen, dass der Teufel ihm sein Schlimmstes
antut. Hatte er nicht andere Pläne, um die Pläne des Teufels zu umgehen?
Luke Brockell war ein vorsichtigerer Kerl als Kit, er schlug ihn als Partner
bei Snare, Sack und Dub um Längen; Die Leute haben nie in die Sachen auf
seinem Trolley geschnüffelt; bereits waren die Auerhühner wieder auf dem
Weg von Admiral Marlowes Mooren zu entfernten Märkten, mit denen Luke
in der Delf-Linie handelte. Luke hatte schnelle und einflussreiche Freunde,
und er hatte vor, nichts unversucht zu lassen, damit Luke auch ihm gehören
könnte.

ENDE VON BAND. ICH

www.ingramcontent.com/pod-product-compliance
Lightning Source LLC
LaVergne TN
LVHW041708190726
843493LV00007B/1997